Hallo und willkommen! Ich wünsche dir viel Spaß beim Russischlernen.
Schau dir diese Bilder an. Kannst du dir vorstellen, welche davon zu Russland gehören?

Markiere mit ja ☑ und nein ⊟.

Алфавит

1 **Markiere im Alphabet die Buchstaben, die du schon kennst.**

А а	Б б	В в	Г г	Д д	Е е	Ё ё	Ж ж	З з	И и	Й й
К к	Л л	М м	Н н	О о	П п	Р р	С с	Т т	У у	Ф ф
Х х	Ц ц	Ч ч	Ш ш	Щ щ	Ъ ъ	Ы ы	Ь ь	Э э	Ю ю	Я я

2 **Schreibe nach und kennzeichne farbig die Buchstaben, die sich vom Deutschen unterscheiden.**

А а   А а   Е е   Е е

О о   О о   М м   М м

К к   К к   Т т   Т т

3 **Ergänze den fehlenden Großbuchstaben in Schreibschrift.**

____ а   ____ м   ____ о   ____ к   ____ е   ____ т

4 **Schreibe nach.**

Ом   ма   ме   ом

Та   та   те   от

Ко   ка   ке   кот

мама   какао

5 **Beschrifte die Illustrationen in Druckschrift.**

__________   __________   __________

6 **Schreibe nach.**

Бб Бб Вв Вв

Нн Нн Пп Пп

Па во ов ба

7 **Vervollständige in der zweiten und dritten Zeile die fehlenden Buchstabenverbindungen.**

Бо об Ва вм Не нк Пс оп

Бо об Ва вм Не нк Пс оп

Ба аб Ве ва Но не Пм па

8 **Schreibe nach.**

папа банк

ананас банан

9 **Welche Buchstaben haben sich hier versteckt?**
Schreibe sie in Druckschrift in die Kästchen.

10 **Schreibe nach.**

Р р   *Р р*   С с   *С с*

У у   *У у*   *самовар*

Москва   *автобус*

11 **Ergänze den fehlenden Kleinbuchstaben in Schreibschrift.**

А ___ *Б* ___ *В* ___ *Е* ___ *К* ___ *М* ___

Н ___ *О* ___ *П* ___ *Р* ___ *С* ___ *Т* ___ *У* ___

12 **Verbinde die gedruckten mit den geschriebenen Buchstaben.**

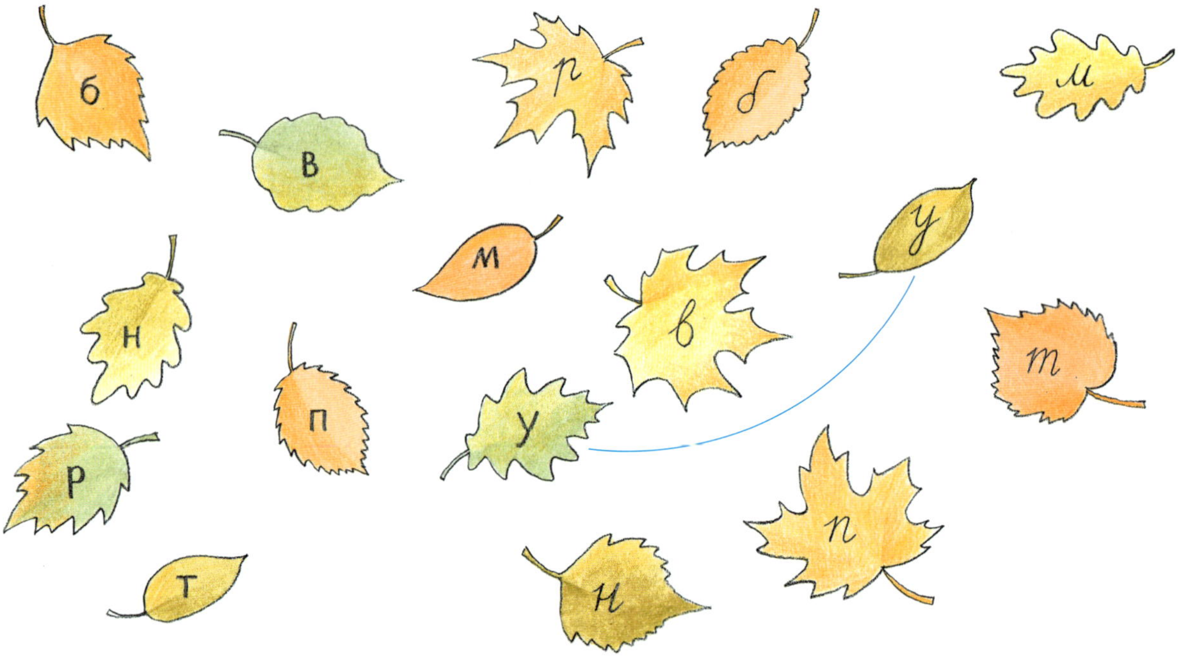

13 **Ergänze den fehlenden Buchstaben in Druckschrift.**

___втобус,   ба___ан,   ___ема,   ка___тус

опе___а,   так___,   ___арк,   марк___р

14 **Lies die Wörter laut und setze Betonungszeichen. Dann schreibe sie in Schreibschrift daneben.**

Москва ____________   самовар ____________   автобус ____________

C1
C2
C3
C4
C5
C6
C7

15 **Das Buchstabengitter enthält sechs Wörter, die du bereits Russisch schreiben kannst. Markiere sie und schreibe sie dann in Schreibschrift auf.**

Б	К	А	К	А	О	П
Н	М	С	К	Т	Е	А
С	А	М	О	В	А	Р
В	М	О	Т	Е	М	К
П	А	П	А	С	Б	Р

16 **Schreibe die Wörter in Schreibschrift und ergänze das deutsche Wort. Warum war es leicht, die deutsche Bedeutung zu finden?**

D

апте́ка	*аптека*	*Apotheke*
кассе́та		
рестора́н		
рома́н		
теа́тр		
те́ннис		

17 **Verbinde die Punkte und schreibe das Wort dann in Schreibschrift auf. Notiere dann einen deutschen Oberbegriff für diese Wörter.**

САРАТОВ ______ ТОМСК ______

МОСКВА ______ ПСКОВ ______

18 **Beschrifte die Fotos.**

1 Welche neuen Buchstaben hast du gelernt? Markiere sie.

А а	Б б	В в	Г г	Д д	Е е	Ё ё	Ж ж	З з	И и	Й й
К к	Л л	М м	Н н	О о	П п	Р р	С с	Т т	У у	Ф ф
Х х	Ц ц	Ч ч	Ш ш	Щ щ	Ъ ъ	Ы ы	Ь ь	Э э	Ю ю	Я я

2 Schreibe nach.

Д д   *Д д*   З з   *З з*

И и   *И и*   Й й   *Й й*

Зи   *ский*   *де*   *зд*

Зина   *Незнайка*

3 Ergänze den fehlenden Groß- oder Kleinbuchstaben.

4 Schreibe nach.

Л л   *Л л*   Э э   *Э э*

Я я   *Я я*   *Ля*   *тя*

эт   *ел*   *ия*   *Эл*

Элла   *Петя*   *Лара*

Это Алла и Максим.

5 **Male die zusammengehörenden Buchstaben mit der gleichen Farbe aus.**

6 **Ergänze die Namensschilder. Die vorgegebenen Silben helfen dir dabei.**
Male die Karten mit Mädchennamen rot und die mit Jungennamen blau aus.

Нико

За | Ди______ | Пе | ______ра | Зи______

ма | ______лай

Ал______ | ла | ______тя | на

Und wie sieht mein Namensschild aus?

Не______

7 **Die richtige Lösung des Rätsels ergibt ein Wort der Begrüßung.**

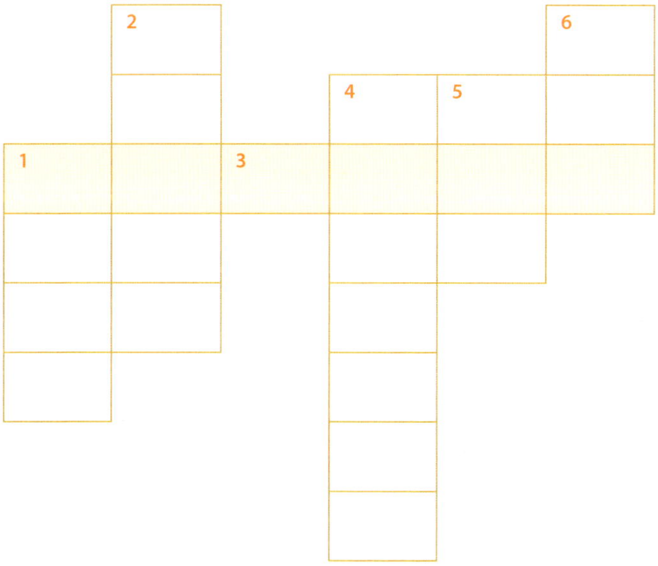

1. Park
2. russischer Jungenname
3. und
4. 
5. nein
6. 

8 **Höre die Wörter und ergänze die fehlenden Buchstaben.**

а oder я?	Ир__,	Бор__,	с__мов__р
с oder з?	__оня,	__оя,	Мо__ква
е oder э?	Л__на,	__лла,	__то, н__т

9 **Welche Wörter haben sich in der Wortschlange versteckt? Schreibe sie auf.**

Э Т О И К Т О А В О Т Я Н Е

____

10 **Vervollständige die Sätze.**

– Это Дима?
– Да, ____________

– А ____________ это?
– ____________ Лара.

А вот ____________.

11 **Höre zu und setze die passenden Satzzeichen.**

– Кто это __
– Это Андрей и Павел __
– Вот Зина __
– Это мама __
– Это Кирилл __
– Да, это Андрей и Павел __
– А кто это __

12 **Übersetze ins Russische.**

кто а я и это

Ich bin Dima. ____________

Das ist Lara. ____________

Und wer ist das? ____________

Das sind Nikolaj und Katja. ____________

13 **Ordne zu.**

Привет! Пока! Здравствуй! До свидания!

Begrüßung

____

____

Verabschiedung

____

____

14 **Ergänze den fehlenden Buchstaben in den russisch geschriebenen Namen.**

Antonia – *Ан__ония*, Isabell – *Иза__ель*, Lara – *Ла__а*,
Laura – *Лау__а*, Lenard – *Лена__д*, Marvin – *Мар__ин*,
Patrick – *Па__рик*, Robert – *Ро__ерт*, Romi – *Ро__и*,
Sven – *С__ен*, Tabea – *Та__еа*, Tim – *Ти__*

м – т

б – в

р – п

15 **Zu welchem Bild gehört der Dialog? Kreuze an.**

– Привет, Надя!
– Привет, Зина!
– Надя, это Петя.
– Здравствуй, Надя!
– А кто это?
– Это Ира.

☐ 

☐ 

☐ 

16 **Schreibe den Dialog aus Übung 15 ab und setze andere russische Vornamen ein.**

____

____

____

____

____

____

Кира
Максим
Степан
Иван
Лида
Коля
Света
Настя

Как тебя зовут?

1 Welche Buchstaben hast du bisher gelernt? Markiere sie.

А а	Б б	В в	Г г	Д д	Е е	Ё ё	Ж ж	З з	И и	Й й
К к	Л л	М м	Н н	О о	П п	Р р	С с	Т т	У у	Ф ф
Х х	Ц ц	Ч ч	Ш ш	Щ щ	Ъ ъ	Ы ы	Ь ь	Э э	Ю ю	Я я

2 Schreibe nach.

Ф ф Ф ф Ш ш Ш ш

Ы ы ы Ю ю Ю ю

Юр лю фа иф

уш иш ыш ты

Юля бабушка

моя фамилия

Саша Федя

здравствуйте

меня зовут

3 Welcher Buchstabe fehlt? Schreibe die Wörter in Schreibschrift auf.
Ergänze die deutsche und englische Übersetzung. Vergleiche die Wörter. Was stellst du fest? E D

	Russisch	Deutsch	Englisch
теле__он			
ка__е			
__утбол			
ал__авит			

4 Male gleiche Buchstabenfelder mit der gleichen Farbe aus. Was entdeckst du?

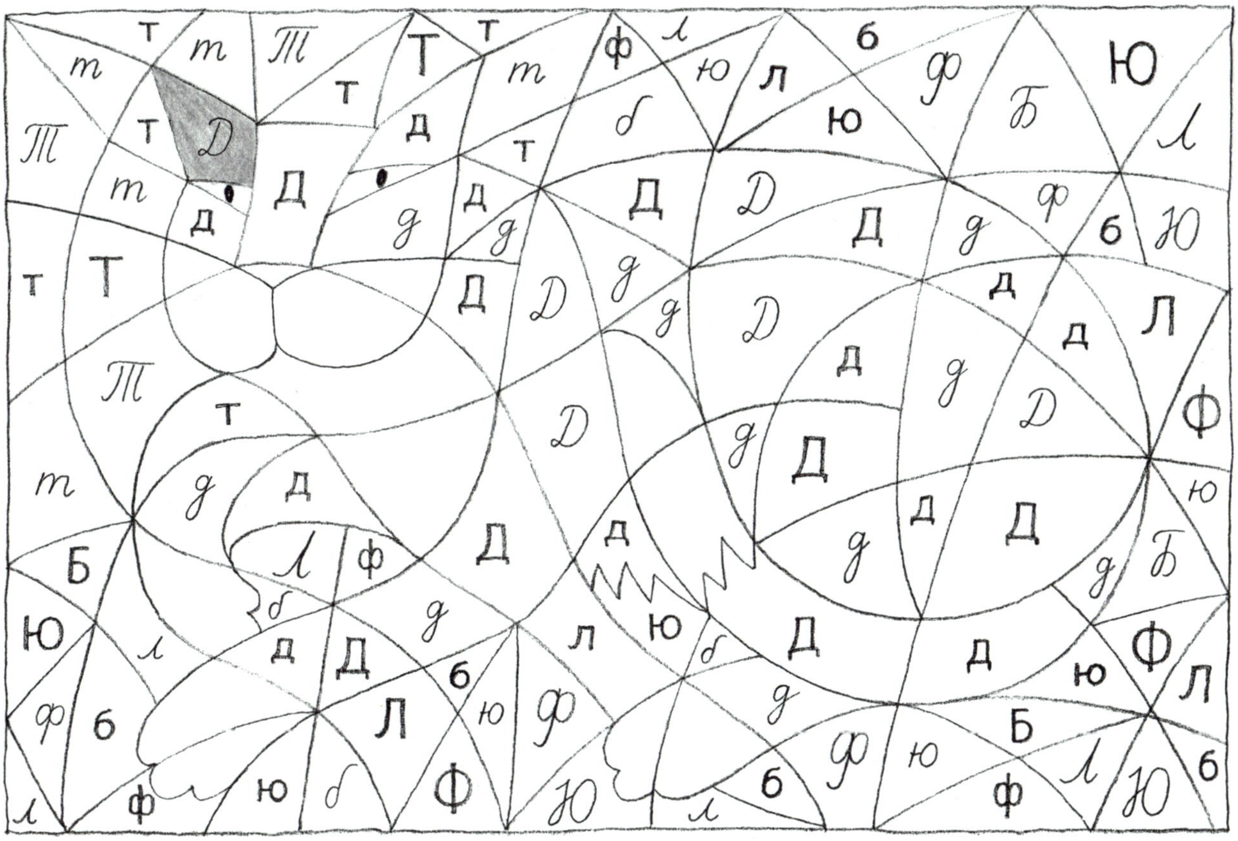

5 Male die Luftballons mit Vokalen grün und die mit Konsonanten gelb aus.

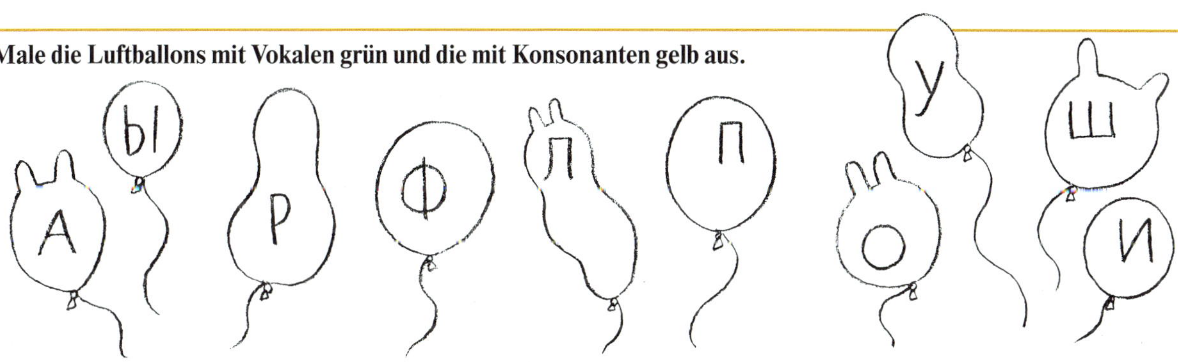

6 Welches Wort passt nicht in die Reihe? Schreibe es rechts auf.
Formuliere für die anderen Wörter einen deutschen Sammelbegriff und notiere ihn links.

______________________ Москва, Саратов, бабушка, Омск ______________________

______________________ до свидания, здравствуйте, пока ______________________

______________________ Пётр, Аня, ты, Дима ______________________

7 Hier stimmt etwas nicht. Finde in jeder Zeile den Fehler und markiere ihn.

бабу**шка**, ***бабу***шка, баб**уш**ка, *бабушка*, бабишка, ***баб***ушка, бабушк**а**

здравствуйте, здравствуйте, сдра**вс**твуйте, здравств*уйте*

мо**я** фамили**я**, моя *фамилия*, **моя фамилия**, мая фам*илия*

меня зов*ут*, ме**ня** зовут, **ме**ня совут, *меня зовут*, **мен**я зовут

8 **Markiere die russischen Namen, die sich in der Wortschlange versteckt haben. Übertrage die Namen in die entsprechende Zeile.**

ФЕДЯЮЛЯСАШААНЯ

Mädchennamen: ____________________

Jungennamen: ____________________

9 **Diese Mädchen und Jungen kennst du schon aus dem Schülerbuch. Schreibe ihre Namen auf.**

__________ __________ __________ __________ __________ __________

10 **Höre, wie die Jungen und Mädchen sich vorstellen. Kreuze den richtigen Namen an.**

1.
Вади́м Бакла́нов ☐
Вади́м Исто́мин ☐
Ва́ня Исто́мин ☐

2.
Зо́я Смирно́ва ☐
Зи́на Алекса́ндровна ☐
Све́та Смирно́ва ☐

3.
Ко́стя Алекса́ндров ☐
Ко́ля Алекса́ндров ☐
Ми́тя Смирно́в ☐

4.
Зо́я Бакла́нова ☐
Зи́на Орло́ва ☐
Зо́я Орло́ва ☐

11 **Schreibe die richtigen Lösungen zu Übung 10 in Schreibschrift auf.**

1. Это ____________________
2. Это ____________________
3. Это ____________________
4. Это ____________________

12 **Beantworte die Fragen von *Незнайка*. Dazu musst du die Spiegelschrift entschlüsseln.**

– Я не понял. Как тебя зовут?

____________________ Саша

– Я не понял. Как твоя фамилия?

____________________ Смирнов

– Я не понял. Кто это?

____________________ Юра

13 **Im Lostopf befinden sich Lose mit Kindernamen in russischer Schrift. Verbinde sie mit der deutschen Schreibweise.**

Lea
Ricarda
Pia
Anna
Alina
Simon

Lucas
Tim
Julian
Jonas

14 **Sortiere zusammengehörige Wendungen in eine Schublade. Beschrifte dann die einzelnen Schubladen auf Deutsch.**

Я …
Меня зовут …
Пока!
Кто это?
Привет!
Здравствуйте!
До свидания!
Как тебя зовут?

15 **Notiere, wie du deine Gesprächspartnerin/deinen Gesprächspartner auf Russisch fragst,**

- wie sie/er heißt: ______
- wie ihr/sein Familienname ist: ______
- wer das ist: ______

16 **Schreibe auf Russisch,**

- wie du heißt: ______
- Namen, die dir gefallen: ______

______

Namen schreibst du so, wie du sie sprichst. Hilfe findest du in deinem Schülerbuch auf S. 105.

Сколько тебе лет?

1 **Markiere die neuen Buchstaben, die du gelernt hast.**

А а	Б б	В в	Г г	Д д	Е е	Ё ё	Ж ж	З з	И и	Й й
К к	Л л	М м	Н н	О о	П п	Р р	С с	Т т	У у	Ф ф
Х х	Ц ц	Ч ч	Ш ш	Щ щ	Ъ ъ	Ы ы	Ь ь	Э э	Ю ю	Я я

2 **Schreibe nach.**

Г г　Г г　Га　га

Ё ё　Ё ё　Ём　ём

Ж ж　Ж ж　Же　ёж

тоже　гитара

ёлка　матрёшка

3 **Male die Fische mit den Buchstaben, die es zwar auch im Deutschen gibt, aber anders gesprochen werden, bunt aus.**

4 **Wer oder was hat sich hier versteckt? Beschrifte in Druckschrift.**

5 **Finde Paare. Verbinde die Wörter, die zusammengehören. Schreibe sie auf.**

бабушка да Привет!

папа Пока! мама ты

нет дедушка я

____

____

____

____

6 **Schreibe nach.**

Х х *Х х* Ц ц *Ц ц*

Ч ч *Ч ч* Щ щ *Щ щ*

Хо *ох* *ци* *щ*

Чт *оч* *Ща* *ещё*

щи *четыре*

хобби *центр*

7 ***ж – ч – ш* oder *щ*? Ergänze den fehlenden Zischlaut.**

_ ё т к а _ е т ы р е _ у р н а л

е _ ё т о _ е у _ е

8 **Male gleiche Buchstaben mit der gleichen Farbe aus.**

9 **Schreibe nach.**

Diese beiden Buchstaben haben keine Großbuchstaben in der Schreibschrift. Weißt du, warum?

Ьь ь Ъъ ъ

ть ль бъ дъ

пять объект

10 **Wandle die Wörter in Schreibschrift um.**

СИБИРЬ ОБЪЕКТ СУБЪЕКТ КЁЛЬН КАЗАНЬ ЯРОСЛАВЛЬ

Сибирь, ______________________________

____

11 **Lies die folgenden Wörter und nenne ihre deutschen Entsprechungen.**
Schreibe die Wörter nach dem Anfangsbuchstaben geordnet in die entsprechenden Zeilen.

центр, ~~жюри́~~, шабло́н, жалюзи́, цеме́нт, журнали́ст, шашлы́к,
цирк, шпина́т, жира́ф, шимпанзе́

ж: жюри – Jury, ______________________________

____

ш: ______________________________

____

ц: ______________________________

____

12 **Verbinde die Zahlwörter mit ihrem Platz auf dem Zahlenstrahl.**

три шесть десять семь ноль

0 1 2 3 4 5 6 7 8 9 10

пять два один девять восемь четыре

13 **Vervollständige die Zahlwörter.**

но_____, од_____, дв_____, тр_____,
четы_____, пя_____, шес_____, се_____,
восе_____, девя_____, деся_____.

14 **Wie viele Weichheitszeichen musstest du in Übung 13 schreiben? Notiere das Zahlwort.**

5? 6? 7? 8?

____

15 **Höre die Zahlen und setze die Betonungszeichen.**

одиннадцать, двенадцать, тринадцать,

четырнадцать, пятнадцать, шестнадцать,

семнадцать, восемнадцать, девятнадцать

16 **Höre die Zahlenreihe. Markiere die richtige Ziffer.**

а)	10	11	12	13	14
б)	10	11	12	13	14
в)	15	16	17	18	19
г)	15	16	17	18	19
д)	2	10	12	9	19

17 **Vervollständige die Gleichungen. Schreibe zwei eigene auf.**

Семь ________ три будет десять.

Двенадцать ________ пять будет семь.

Пять ________ ________ будет тринадцать.

Два ________ ________ будет шесть.

Одиннадцать ________ ________ будет восемь.

____

____

18 **Wie versuchen die Kinder sich ins Kino zu schummeln?**

Ты откуда?

1 **Nun kennst du alle Buchstaben. Beim Schreiben sind die Verbindungen zwischen den Buchstaben besonders wichtig. Bilde selbst verschiedene Verbindungen und Wörter. Schreibe sie auf.**

А а	Б б	В в	Г г	Д д	Е е	Ё ё	Ж ж	З з	И и	Й й
К к	Л л	М м	Н н	О о	П п	Р р	С с	Т т	У у	Ф ф
Х х	Ц ц	Ч ч	Ш ш	Щ щ	Ъ ъ	Ы ы	Ь ь	Э э	Ю ю	Я я

ва ____________________

____

2 **Schreibe nach. Verbinde die Wörter mit dem passenden Bild.**

Германия ____________________
Россия ____________________
Берлин ____________________
Москва ____________________

3 **Ergänze den richtigen Buchstaben.**

б *oder* **п**?

__абушка
__а__а
авто__ус
__арк

д *oder* **т**?

о__ин
че__ыре
__ва
пя__ь

ж *oder* **ш**?

деду__ка
__урнал
то__е
матрё__ка

4 **Entschlüssele die geheime Botschaft.**

17	18	10	3	6	20	
П						!

14	6	15	33

9	16	3	21	20

15	6	9	15	1	11	12	1	
								.

Das russische Alphabet hilft dir dabei.

5 **Schreibe die Wörter in alphabetischer Reihenfolge auf.**

фамилия журнал  самовар  гитара
алфавит дедушка автобус

6 **Die Namen welcher Persönlichkeiten kannst du hier lesen? Ergänze die deutsche Schreibweise.**

Альфре́д Но́бель ____________________
Альбе́рт Эйнште́йн ____________________
А́стрид Ли́ндгрен ____________________
Джоа́н Ро́улинг ____________________
Ште́ффи Граф ____________________
Ю́рген Кли́нсман ____________________

7 **Schreibe die Städtenamen in gedruckten Großbuchstaben auf.**

Москва Варшава Париж
Берлин Лондон Санкт-Петербург

8 **Höre, woher die Mädchen und Jungen kommen. Kreuze an, ob die Aussage richtig (пра́вильно) oder falsch (непра́вильно) ist.**

	пра́вильно	непра́вильно
а) Костя из России.	☐	☐
б) Нора из Германии.	☐	☐
в) Дима из Самары.	☐	☐
г) Зина из Владимира.	☐	☐

9 Verbinde die Personen mit den passenden Städtenamen. ↗G 3

Откуда?

из Санкт-Петербурга
из Варшавы
из Нью-Йорка
из Мюнхена
из Парижа

10 Schreibe auf, aus welchen Städten die Ballonfahrer kommen.

Эва ______________________ Якоб ______________________

Изабель ______________________ Боб ______________________

Глеб ______________________ А откуда ты? – Я из ______________________.

11 Schreibe auf, aus welchem Ort die Verwandten stammen.

Папа из ______________________

Мама из ______________________

Бабушка из ______________________

Дедушка из ______________________

12 Ergänze die Sprechblasen für die Ballonfahrer aus Übung 9.
Nutze *по-польски, по-английски, по-немецки, по-французски, по-русски*.

13 Wie sieht dein Familienbaum aus? Schreibe den Namen auf, woher die Personen stammen und welche Sprache sie sprechen. Du kannst auch ein Bild einkleben oder eines zeichnen.

Что ты любишь?

1 Schreibe nach.

Что ты любишь?

Ты любишь молоко?

Я люблю салат.

Я не люблю рыбу.

2 Jede Zeile enthält zwei Fehler. Markiere sie.

я люб**лю**, я люблю, ялюблю, **я лю**блю, я лублю, я люблю,

я люблу, я люблю, я лю**бл**ю, я люблю, я люплю, я лю**б**лю,

ты **лю**бишь, ты люпишь, ты люб*ишь*, ты л**юб**ишь, ты длюбишь,

ты любижь, ты любишь, ты любишь, ты люби**шь**, ты любичь

3 Verbinde die Wörter durch eine Linie mit den richtigen Speisen.

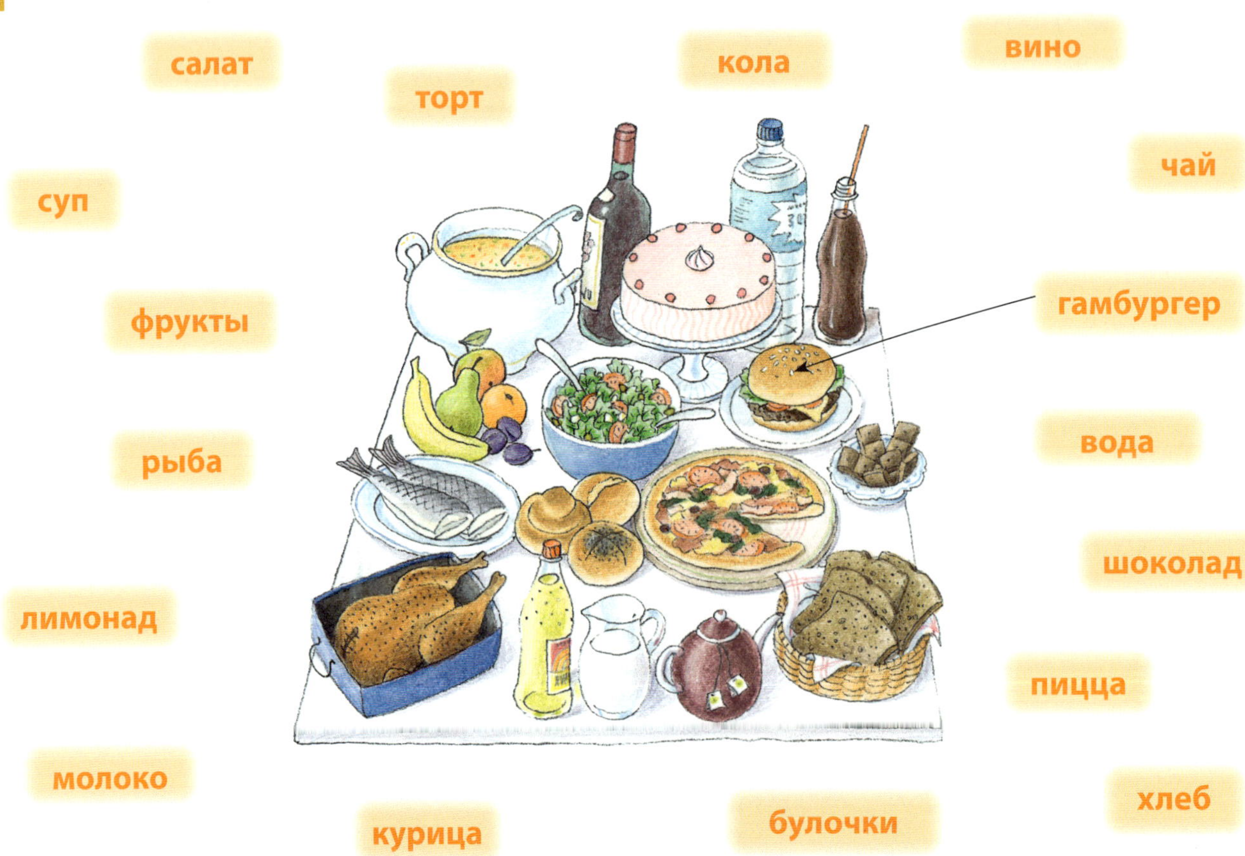

4 **Markiere die Speisen und Getränke mit verschiedenen Farben. Ordne sie alphabetisch.**

суп чай какао лимонад молоко рыба
пельмени блины кола борщ вино
минеральная вода пирожки каша

Speisen (блю́да)	Getränke (напи́тки)

5 **Markiere das Geschlecht der Substantive mit unterschiedlichen Farben:**
z. B. weiblich – Rot, männlich – Blau, sächlich – Grün.

↗G 5

6 **Ergänze die deutsche und englische Übersetzung und vergleiche mit dem Russischen.**
Was stellst du fest?

D E

	по-немецки	по-английски
апельси́н		
йо́гурт		
ке́тчуп		
лимо́н		
рис		
тост		

7 **Spiele mit einem Partner. Ihr könnt auch alles aufschreiben, wenn ihr möchtet.**

8 **Welcher Koch hat diese Wörter aus seinem Land mitgebracht? Ordne zu.**

шни́цель
пи́цца
бульо́н
штру́дель
пу́динг
спаге́тти
капучи́но
баге́т

га́мбургер
омле́т
бутербро́д
кекс
эспре́ссо
мю́сли
пюре́
желе́

9 **Höre, welche Speisen und Getränke Sonja und Kolja mögen oder nicht mögen. Kreuze an.**

	Соня		Коля	
спагетти	☺	☹	☺	☹
борщ	☺	☹	☺	☹
чай	☺	☹	☺	☹
молоко	☺	☹	☺	☹

10 **Fragt euch untereinander, was ihr mögt und was nicht.**

☺–я люблю ☹–я не люблю

Имя			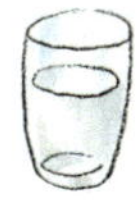			

11 **Незнайка hat in seiner Aufzählung versehentlich die letzten Buchstaben gelöscht. Ergänze sie.** ↗G6

Я люблю тор___ и кака___.

Шокола___ и варень___ тоже люблю.

Я не люблю куриц___ и рыб___.

Не люблю лимона___ и кол___.

Und was magst du (nicht)?

___

___

___

___

12 **Im Russischen enden einige Ballsportarten, die du schon kennst, auf *-бол*. Vervollständige die Wörter.**

б _ _ _ _ _

в _ _ _ _

г _ _ _

ф _ _

бол

13 **Du kannst schon viel auf Russisch sagen. Ergänze die Satzanfänge.**

Меня зовут ___. *Моя фамилия* ___.

Мне ___. *Я из* ___.

Я говорю по- ___ *и по-* ___.

Я люблю ___ *и* ___.

Я не люблю ___ *и* ___.

Дай мне, пожалуйста, ножницы.

1 **Du kennst jetzt das ganze russische Alphabet. Verbinde die Buchstaben in der richtigen Reihenfolge. Schreibe das russische Wort für dieses Bild auf.**

____

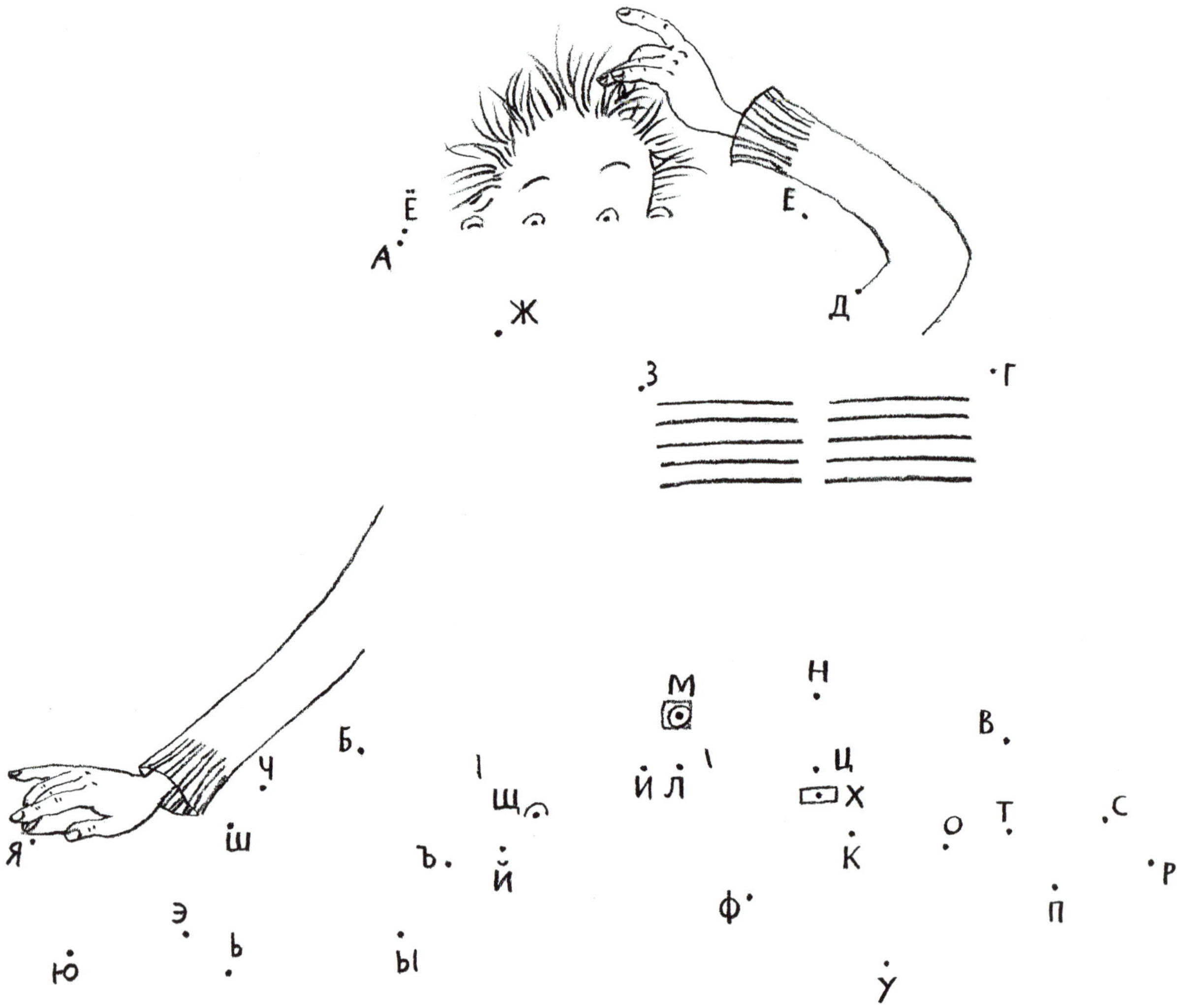

2 **Schreibe die geheime Botschaft auf, die hier in Spiegelschrift erscheint.**

____

____

3 **Welches Wort passt nicht in die Reihe? Markiere es und schreibe es auf.**

ученик, класс, бабушка, мел

____

доска, суп, сумка, ученица __________

класс, парк, стол, карта __________

4 **Weißt du noch, was diese russischen Wörter bedeuten? Trage die richtigen Ziffern ein.**

◯ ученик
◯ ученица
◯ доска
◯ карта
◯ компьютер
◯ постер
◯ стол
◯ стул
◯ сумка
◯ телевизор

5 **In den Wörtern sind Buchstaben durcheinander geraten. Markiere die Fehler.**
Schreibe die Wörter richtig auf.

лфомастер ______________________
рукча ______________________
карандша ______________________
нейлика ______________________
радьтет ______________________
книаг ______________________

6 **Weißt du, was gemeint ist? Schreibe die gesuchten Wörter in Druckschrift auf.**

Man kann damit schreiben. ☐☐☐☐☐

Man kann darauf schreiben. ☐☐☐☐☐

Man kann darin schreiben. ☐☐☐☐☐☐☐

Man kann darin lesen. ☐☐☐☐☐

Man kann damit etwas ausmalen. ☐☐☐☐☐☐☐☐☐

Man kann damit etwas ausschneiden. ☐☐☐☐☐☐☐

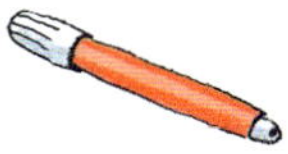

7 **Höre die Wörter und ergänze den fehlenden Buchstaben.**

ж *oder* **ш**?

но__ницы, каранда__, по__алуйста, деду__ка, __урнал

з *oder* **с**?

до__ка, телеви__ор, ла__тик, рюк__ак, __амовар

а *oder* **о**?

п__стер, фл__мастер, сп__сиб__, в__зьми, к__мпьютер

8 **Schreibe die Wörter in die richtige Spalte.**

стол, Незнайка, сумка, стул, ученица, компьютер, ученик, Борис, телевизор, Лара

Кто?	**Что?**
______	______
______	______
______	______
______	______
______	______

9 **Ordne die Aussagen zu einem Dialog. Schreibe ihn auf.**

Не за что.

Серёжа, дай мне, пожалуйста, ножницы.

На, возьми!

Спасибо.

Марина: ______

______

Серёжа: ______

Марина: ______

Серёжа: ______

10 **Schreibe auf, was sich im Rucksack befindet.**
Markiere das Geschlecht der Substantive mit unterschiedlichen Farben:
weiblich – Rot, männlich – Blau, sächlich – Grün.

↗ G 5

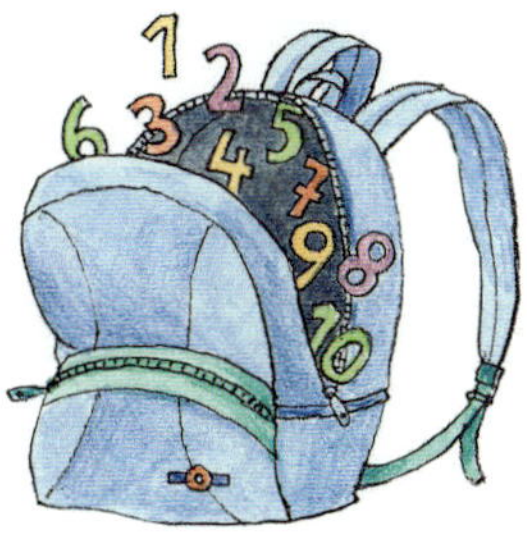

Что в рюкзаке?

(1) ____________________ (2) ____________________
(3) ____________________ (4) ____________________
(5) ____________________ (6) ____________________
(7) ____________________ (8) ____________________
(9) ____________________ (10) ____________________

(1) 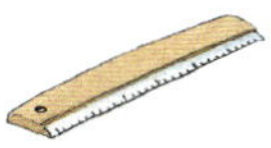 (2)  (3)  (4)  (5) 
(6) 

(7)  (8) 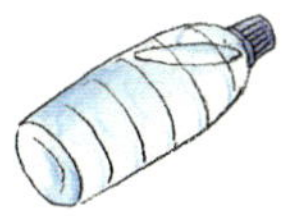 (9)  (10) 

11 **Lass dir von *Незнайка* vier unterschiedliche Dinge aus dem Rucksack geben.**
Achte auf die Endungen der Substantive.

↗ G 6

M *Незнайка, дай мне, пожалуйста, папку.*

____

____

____

____

12 **Du kannst schon viel auf Russisch sagen. Ergänze die fehlenden Fragen und Antworten.**

____________________? Ученик в классе.

Доска в классе? ____________________

____________________? Это фломастер.

Что в рюкзаке?  ____________________

Дай мне, пожалуйста, тетрадь. ____________________

____________________ Не за что.

Наталья Викторовна, ____________________ мне, пожалуйста, ____________________.

C Teste dein Russisch.

1 **Vervollständige das Alphabet. Ergänze die fehlenden Buchstaben in Schreibschrift.**

а ___ в ___ ___ е ё ___ ___ и й ___ л м ___ о ___

р ___ ___ у ___ х ___ ч ___ ___ ъ ы ь ___ ю ___

2 **Vergleiche die beiden Bilder. Schreibe auf, was auf dem rechten Bild fehlt.**

____

3 **Stelle dich vor. Beantworte die Fragen.**

Как тебя зовут? ______________________________

Сколько тебе лет? ______________________________

Ты из Германии? ______________________________

Ты говоришь по-русски? ______________________________

4 **Hier geht es um Speisen und Getränke. Schreibe auf, was du magst und nicht magst.**

Я люблю ______________________. ______________________ тоже люблю.

Я не люблю ______________________ и ______________________.

1 **Sieh dir die Abbildungen an und kreuze die richtige Antwort auf die Frage an.**

1. Это Алёша?
   - ☐ Да, это Алёша.
   - ☐ Нет, это Саша.

2. Это Настя и Саша?
   - ☐ Да, это Настя и Саша.
   - ☐ Нет, это Даша и Саша.

3. Это Марк?
   - ☐ Да, это Марк.
   - ☐ Нет, это Нико.

2 **Verbinde *мой* oder *моя* mit den passenden Wörtern.** ↗G 7

мой — моя

бабушка

брат → мой

дедушка

сестра

кот

папа

3 **Ordne die Wörter in die Spalten ein. Ergänze eigene Beispiele.** ↗G 7

~~булочки~~ тетрадь ручка рюкзак письмо класс компьютер ножницы

твой	твоя	твоё	твои
			булочки

4 **Bilde Wörter, die zum Thema Familie passen.**
Ergänze bei 1 bis 4 die männlichen Partner.

1. СТЕРСА _ _ _ _ _ [ ] ____________

2. АММА _ [ ] _ _ ____________

3. КБААУШБ _ _ _ _ [ ] _ _ ____________

4. ЯТТЁ _ [ ] _ _ ____________

5. ИРЕДЛОТИ _ _ _ _ _ _ [ ] _ ____________

[ ] [ ] [ ] [ ] [ ]

5 **Ergänze die passenden Wörter.**

семья | родители | друзья | сестра

Папа, мама, брат и я – это моя ____________ .

Антон, Иван, Олег – это мои ____________ .

6 **Streiche das falsche Possessivpronomen durch.** ↗ G 7

Это твой/твоя семья?
Это мой/моя дядя.
Это твоё/твои друзья?
Это мой/моя тётя.
Это мой/мои родители.
Это мой/моё письмо.

7 **Finde die versteckten Buchstaben. Bilde mit ihnen zehn kleine Wörter.**

8 **Höre, wie vier russische Kinder ihre Familien vorstellen.**
Kreuze in der Tabelle an, welche Familienmitglieder sie nennen.

	мама	папа	сестра	брат	бабушка	дедушка	дядя	тётя
Света								
Миша								
Дима								
Таня								

9 **Anja wollte mit dem Computer die Hausaufgabe *Stelle deine Familie vor* erledigen.**
Leider fand sie auf der Tastatur drei Buchstaben nicht. Ergänze diese Buchstaben.

М__н__ з__вут Ан__. В__т эт__ м__я с__мь__. Эт__ мама и папа. Эт__ м__й брат. __г__ з__вут Б__рис, а эт__ м__я с__стра. __ё з__вут Кат__. Б__рис – студ__нт, а Кат__ – уч__ница. Эт__ бабушка и д__душка, тёт__ Зина и д__д__ Саша.

10 **Trage Bezeichnungen für Personen ein. Waagerecht – weibliche, senkrecht – männliche.**

			У			
У	Ч		Н			

			Д			
П	О		Р			

			С					
С	Т		Д					

11 **Ergänze die Dialoge.**

Нина: Привет, Света!
Света: ____________, Нина!
Нина: Света, ____________ это?
Света: Это ____________ подруга.
Она ____________ Франции.
Нина: Как ____________ зовут?
Света: Джульетт.

Борис: Женя, это ____________ семья?
Женя: Да. Мама, папа и ____________ брат Толик.
Борис: А ____________ кто?
Женя: Это мой друг Рафаэль.
Борис: ____________ он?
Женя: Он из Испании.

Где Борис?

1 **Ordne die Substantive den Fragepronomen zu.**

Кто?	Что?

аквапарк
ресторан
Незнайка
стадион
родители
тренер
класс
ученица
турист
цирк

2 **Wo befinden sich die abgebildeten Personen?**

↗ G 9/10

1. ______________________

в ______________________.

2. ______________________

на ______________________.

3 **In den Wörtern sind die Buchstaben durcheinander geraten. Schreibe die Wörter richtig auf.**

артет ______________________

йузем ______________________

чапто ______________________

крци ______________________

4 **Finde 13 Einrichtungen, die sich in einer Stadt befinden können.**
Ordne die gefundenen Wörter alphabetisch, indem du sie nummerierst.

М	Ц	Б	М	У	З	Е	Й	К
А	И	Ж	Е	Х	О	Ц	К	И
Г	Р	Е	С	Т	О	Р	А	Н
А	К	Ы	Щ	Ю	П	Б	Ф	О
З	П	О	Ч	Т	А	А	Е	Э
И	С	О	Б	О	Р	Р	Я	Ф
Н	У	Ц	Й	Ш	К	О	Л	А
Д	И	С	К	О	Т	Е	К	А

5 Ordne die Substantive dem richtigen Personalpronomen zu. ↗G 8

~~дедушка~~, почта, брат и сестра, ученик, родители, университет, студент, бабушка, кафе, кресло, ученица, дядя и тётя, письмо, спортзал, такси, библиотека, сестра, кот и собака, молоко, дедушка и бабушка

дедушка

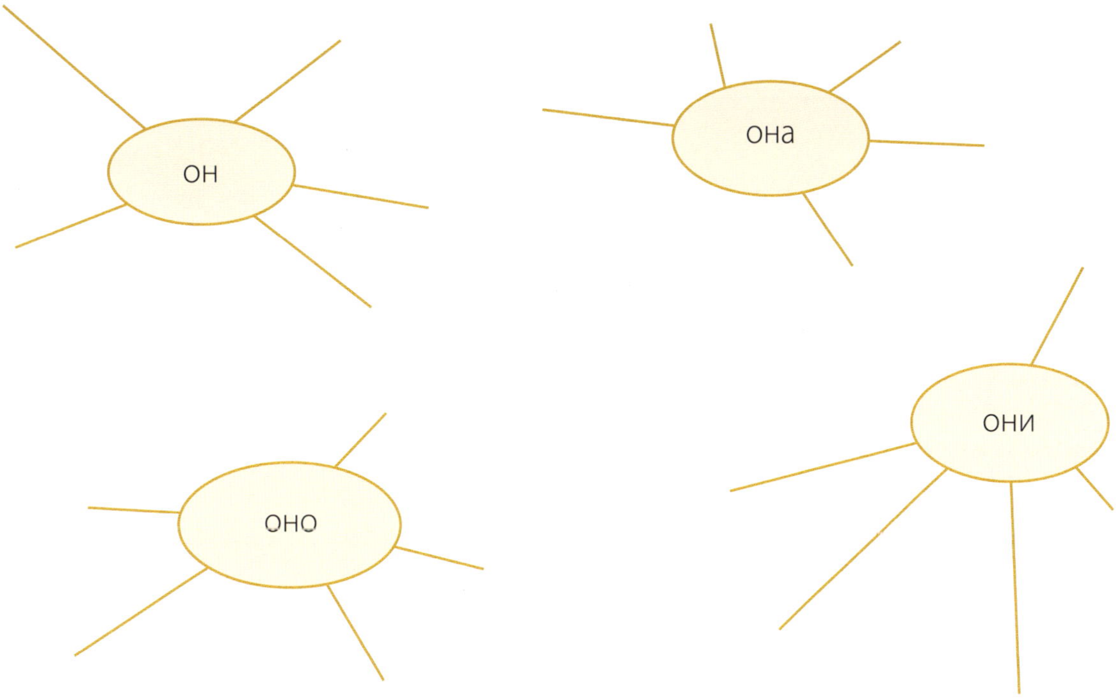

6 Höre die Antworten auf die Frage *Где они?* Entscheide, ob die Antwort zum Bild passt.

1. Да./Нет.

2. Да./Нет.

3. Да./Нет.

4. Да./Нет.

5. Да./Нет.

7 **Shenja hat eine Nachricht geschrieben.**
Ergänze die Präpositionen, die auf dem Zettel verwischt wurden. ↗ G 9/10

Родители ___ концерте. Дедушка
и бабушка ___ музее.
Антон ___ бассейне, а Наташа
___ школе, ___ спортзале.
А я ___ почте.
Женя

8 **Das Telefongespräch von Sweta und Sascha ist durcheinander geraten.**
Schreibe die Sätze in der richtigen Reihenfolge auf.
Lies den Dialog mit einer Partnerin oder einem Partner.

	– Нет, она ещё в университете.	*Саша:* *Алло!* ______
	– Пока!	*Света:* *Саша, это* ______
	– Где она? Я не поняла.	*Саша:* ______
1	– Алло!	*Света:* ______
	– Привет, Света!	*Саша:* ______
	– А Настя дома?	*Света:* ______
2	– Саша, это ты? Это я, Света.	*Саша:* ______
	– Она ещё в университете.	*Света:* ______
	– А, в университете. Спасибо. Пока!	*Саша:* ______

9 **Schreibe auf, wie du auf Russisch**

– fragst, ob du Maxim sprechen kannst. ______

– fragst, ob Nina zu Hause ist. ______

– fragst, wo Ira ist. ______

– sagst, dass deine Eltern im Theater sind.

______

– deine Gesprächspartnerin/deinen Gesprächspartner bittest, zu wiederholen, weil du nicht verstanden hast.

______

______

1 **Wie antworten Mascha, Lisa, Sascha und Tolik auf die Frage nach ihren Geschwistern? Ordne die Antworten den Personen zu.**

У тебя есть брат или сестра?

У меня есть сестра.

У меня
... есть брат.
... есть сестра.
... нет брата.
... нет сестры.

2 **Schreibe auf, ob du Geschwister hast.**

3 **Ergänze die fehlenden Formen.**
Schreibe je zwei Dinge auf, die du besitzt und nicht besitzt.

↗ DT ↗ G 12, 13

есть	нет	есть	нет
мобильник	мобильника	гитара	гитары
	телевизора		ручки
плеер		сумка	
компьютер		линейка	

M *У меня есть мобильник. А гитары у меня нет.*

4 **Ordne die Satzanfänge den entsprechenden Personalpronomen zu.**
Ergänze die deutsche Übersetzung. ↗ G 12,13

У меня есть …	У тебя есть …	У нас есть …	У вас есть …
У меня нет …	У тебя нет …	У нас нет …	У вас нет …

я *У меня есть …* — *Ich habe …*
У меня нет … — *Ich habe kein (keine/n) …*

ты

мы

вы

5 **Teile einem russischen E-Mail-Partner oder einer Partnerin mit, ob**

– du Geschwister hast.

– du ein Handy besitzt.

– ihr zu Hause einen Computer habt.

6 **Schreibe auf, wem welches Tier gehört.** ↗ G 13

Кора — Марвин — Степан — Нора — Феликс

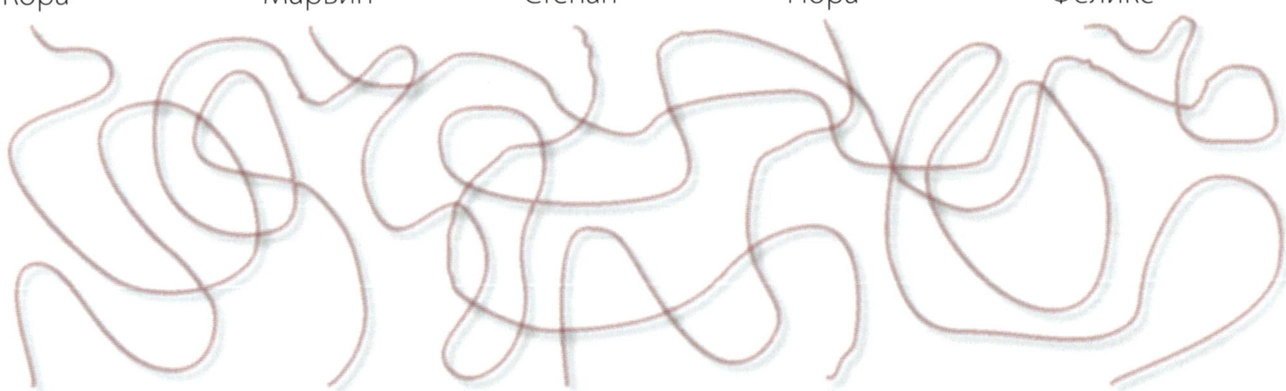

кролик — черепаха — кошка — собака — попугай

M У Феликса есть черепаха.

7 **Beantworte die Fragen mit Hilfe der Übung 6.** ↗G 14

Это черепаха Коры? *Нет, это черепаха Феликса.*

Это кролик Марвина? ______________________

Это попугай Феликса? ______________________

Это собака Степана? ______________________

Это кошка Норы? ______________________

8 **Finde für die englischen Tiernamen die russische Bezeichnung. Trage die Ziffern in das entsprechende Kästchen ein.** E

~~penguin (1)~~, tiger (2), crocodile (3), dolphin (4), zebra (5), leopard (6), jaguar (7), giraffe (8), panda (9), kangaroo (10), antelope (11), cockatoo (12)

антило́па	☐	дельфи́н	☐	жира́ф	☐	зе́бра	☐	какаду́	☐	кенгуру́	☐
крокоди́л	☐	леопа́рд	☐	па́нда	☐	пингви́н	1	тигр	☐	ягуа́р	☐

9 **Незнайка hat einen Kuscheltierzoo eröffnet. Ergänze die Liste mit der Anzahl seiner Tiere. Nutze Übung 8.** ↗G 15

У Незнайки уже есть:

три тигра

четыре зебры

____

____

____

____

10 **Schreibe auf, welches Tier oder wie viele Tiere du zu Hause hast. Kuscheltiere zählen mit!**

____

____

1 *Очень хорошо, плохо* или *ничего*? Wie antworten die Personen auf die Frage *Как дела?*

2 Besonders gern nutzt man Symbole beim Schreiben von SMS und E-Mails.
Das ist auch in Russland üblich.
Welche Bedeutung könnten die Smileys haben? Ordne zu.

очень хорошо

всё о´кей

плохо

нормально

:)) ____________ :) ____________

:(____________ ;) ____________

3 Frage jemanden per E-Mail, wie es ihr/ihm geht. Teile auch mit, wie es dir geht.

____

____

4 **Du willst verschiedene Personen grüßen lassen.**
Schreibe die richtigen Formen in die entsprechende Spalte.

↗ DT ↗ G 18

сестра, брат, ученица, студент, папа, бабушка, дедушка, тётя,
Антон, Алексей, Игорь, Лена, Никита

	weibliche Substantive	männliche Substantive	
	-е	auf -а → -е	-у/-ю
Привет	*сестре!*		

5 **Schreibe auf, wem *Незнайка* einen Gruß übermitteln soll.**

Аня: *Передай привет маме!*

Катя: ______

Вадим: ______

Ира: ______

Артём: ______

6 **Höre das Telefongespräch und beantworte die Fragen auf Deutsch.**

Nach wem erkundigt sich Jura? ______

Wo befindet sich diese Person? ______

Wer erteilt diese Auskunft? ______

7 **Die markierten Wörter hast du nicht richtig verstanden.**
Entschuldige dich bei deinem Gesprächspartner und frage noch einmal nach.

А	Б (Это ты.)
– Это мой брат **Степан**.	*– Извини, я не понял/а. Как его зовут?*
– Моя мама **в библиотеке**.	– ______________________
– Её зовут Светлана, или просто **Света**.	– ______________________
– Номер телефона Антона **43-44-13**.	– ______________________

8 **Wo befindet sich der Matrose?**
Trage die russische Übersetzung ein. Die grau unterlegten Buchstaben ergeben das Lösungswort.

das (ist)											
Wie geht's?											?
richtig											
schade											
Gruß											
gut											
einfach											

Он на ___ ___ ___ ___ ___ ___ ___ *е.*

9 **Bereite dich auf die Gespräche mit den Schülerinnen und Schülern einer russischen Partnerschule vor. Schreibe wichtige Wendungen auf.**

Grüß dich! ______________________

Wie geht es dir? ______________________

Woher kommst du? ______________________

Das habe ich nicht verstanden. ______________________

Wiederhole bitte. ______________________

... ______________________

... ______________________

1 **Markiere die hier versteckten 7 Sportarten rot und die 5 Musikinstrumente grün.**

н	а	с	т	ё	л	ч	н	ы	п	и	а	н	и	н	о
а	к	п	р	и	н	г	у	в	о	л	е	й	б	о	л
с	к	р	и	п	к	а	в	а	ф	п	х	в	ч	м	и
и	о	н	г	ш	о	н	с	п	л	к	о	з	ж	б	о
п	р	щ	з	и	т	д	у	л	е	ё	к	н	е	п	ё
я	д	ц	ф	у	т	б	о	л	й	г	к	в	у	ц	ф
в	е	ё	н	о	г	о	к	ж	т	т	е	н	н	и	с
г	о	л	ь	ф	ю	л	ё	з	а	щ	й	ч	а	р	е
в	н	ш	а	х	м	а	т	ы	г	и	т	а	р	а	д

2 **Igor ist ein Multitalent und spielt drei Instrumente. Ergänze die Instrumente, die er aufzählt.**

АРАТИТДРОБИКТЕНРАЛК

Я люблю играть на ______________________________

____

3 **Welche Hobbys hat die Oma? Verbinde die passenden Satzteile miteinander.**
Achte dabei auf die Satzzeichen.
Omas Hobbys bleiben dann übrig. Ergänze den Satz entsprechend.

	на пианино.
Я очень люблю смотреть	рок- и поп-музыку.
Дедушка любит сидеть	фэнтези.
Родители любят слушать	в шахматы.
Катя не любит читать	в бадминтон?
Ты любишь сидеть	в Интернете.
Дима и Женя, вы любите играть	в чате?
	телевизор.

Бабушка любит играть ______________________________

4 **Kreuze an, was die Personen in dem Gespräch mögen (+) bzw. nicht mögen (-).**
Notiere, was dein Freund/deine Freundin gern bzw. nicht gern macht.

друг					
подруга					
дедушка					
брат					
сестра					

5 **Was machst du gern oder nicht so gern?**
Notiere mindestens 4 Wortgruppen in jeder Spalte. ↗ G 19

Я люблю	Я не люблю

6 **Fordere eine oder mehrere Personen zum Mitmachen auf.** ↗ G 22

M *Давай(те) кататься на скейтборде!*

7 **Markiere die Antwort, die zur Abbildung passt.**

С кем Виктор любит
играть в шахматы?
С дедушкой.
С братом.

С кем Нина любит
кататься на велосипеде?
С другом.
С подругой.

С кем Таня и Женя любят
слушать музыку?
С папой и мамой.
С Настей и Андреем.

8 **Wer übt welche Tätigkeit mit wem aus?**
Ergänze die fehlenden Endungen.

↗ G 20; 23

1. Вика люб__________ говорить по телефону с подруг__________ .
2. Я не люб__________ делать уроки с брат__________ .
3. Настя и Женя люб__________ играть в теннис с Ирин__________ .
4. Борис и Дима, вы люб__________ играть в хоккей с Серг__________?
5. Антон, ты люб__________ танцевать с бабушк__________?
6. Мы с Тан__________ не люб__________ играть в шахматы.

9 **Bereite dich auf ein Gespräch mit einem russischen Austauschschüler/einer russischen Austauschschülerin vor.**
Frage,

– ob er/sie ein bestimmtes Instrument spielt.

____

– ob er/sie gern Fußball oder Volleyball spielt.

____

– ob er/sie gern chattet.

____

Fordere sie/ihn auf,
– gemeinsam Musik zu hören.

____

– Basketball mitzuspielen.

____

2Б Когда ты играешь на компьютере?

1 **Markiere die Wörter, die nicht in die Reihe passen und schreibe sie auf.**

вечером, после школы, утром, днём ______________________

потом, сначала, там, после школы ______________________

2 **Wähle aus und ergänze, was Marvin zu bestimmten Tageszeiten macht.**

Днём я ______________________

на стадионе

дома

в школе

После школы ______________________

я говорю по телефону

я слушаю музыку

я играю на гитаре

я играю в гандбол

Вечером ______________________

я делаю уроки

я сижу в чате

я смотрю телевизор

3 **Kreuze mindestens 3 Tätigkeiten an, die dir gefallen.**

Я люблю …

- ☐ играть на компьютере
- ☐ сидеть в Интернете
- ☐ говорить по телефону
- ☐ слушать музыку
- ☐ смотреть телевизор
- ☐ делать уроки
- ☐ читать
- ☐ играть на гитаре
- ☐ играть в футбол

4 **Beantworte die Frage. Nutze die von dir ausgewählten Tätigkeiten aus Übung 3.**

Что ты обычно делаешь после школы?

После школы я обычно делаю уроки, ______________________

____

____

____

5 **Lies, was Ira von sich und ihren Familienmitgliedern schreibt. Streiche die falschen Formen durch. Beantworte die Fragen für Mascha und Boris.** ↗ G 20; 21

1. Я смотрю/смотришь телевизор.
2. Мама и папа тоже смотрим/смотрят телевизор.
3. Бабушка читает/читаешь книгу.
4. Дедушка сидишь/сидит в чате.

– Маша, ты делаешь/делаем уроки?
– Борис и Коля, что вы делает/делаете?

Маша: *Нет, я* ____________________

Борис: *Мы* ____________________

6 **Höre die Uhrzeitangaben und schreibe sie auf.**

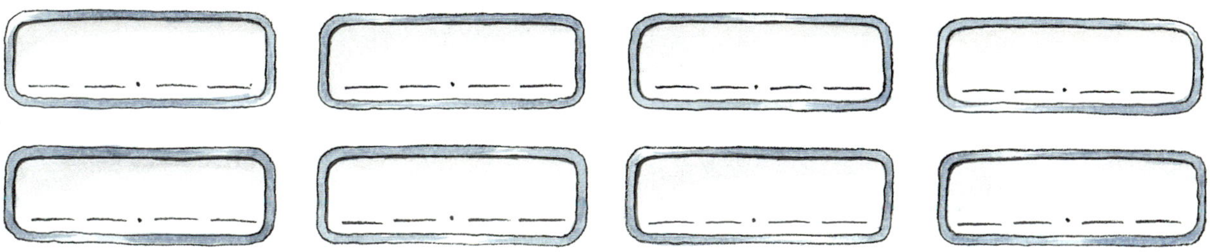

7 **Überlege, in welchen Zeitangaben Endungen fehlen. Ergänze diese.** ↗ G 15–17

два час______, двадцать один час______, девятнадцать час______,
ровно четыре час______, ровно шесть час______, ровно час______,
три минут______, пять минут______, четыре минут______, сорок минут______,
тридцать две минут______, пятьдесят минут______, сорок одна минут______,
пять час______ десять минут______, одиннадцать час______ одна минут______,
двадцать два час______ три минут______, девять час______ тридцать минут______

8 **Hier stimmt etwas nicht. Finde in jeder Zeile zwei Fehler. Markiere sie.**

Здравствйте! Здравствуйте! **Здраствуйте!** Здравствуйте! *Здравствуйте!*
Добрый день! ***Добрый ден!*** Добрый день! Допрый день! *Добрый день!*
Доброе удро! *Доброе утро!* ***Доброе утро!*** Доброе утро! Доброе утро! Доброе цтро!
Добрый вечер! **Добрый вэчер!** Добрый вечер! **Добрыи вечер!** **Добрый вечер!**

9 **Was gehört zusammen? Schreibe die Nummer der Abbildung neben den passenden Satz. Ergänze die Verben für die Mahlzeiten in der entsprechenden Form.**

Костя и Серёжа ______________________ в школе.

Юра: Я ______________________ дома. Родители тоже.

Таня ______________________ с бабушкой в 7 часов.

10 **Entschlüssele den kodierten Brief und schreibe ihn auf.**

11 **Erfrage bei deiner russischen Gesprächspartnerin/deinem russischen Gesprächspartner**

– wann sie/er gewöhnlich frühstückt.

– wann sie/er gewöhnlich in der Schule ist.

– wann und wo sie/er zu Mittag isst.

– mit wem sie/er gewöhnlich Abendbrot isst.

1 **Betrachte die Illustrationen und kreuze an, was die Personen nach der Schule gemacht haben.**

После школы

- [ ] Борис играл в теннис.
- [ ] Борис смотрел телевизор.

- [ ] Нина читала фэнтези.
- [ ] Нина говорила по телефону.

- [ ] Ученик и ученица сидели в чате.
- [ ] Ученик и ученица делали уроки.

2 **Maxim hat aufgeschrieben, was er und seine Familie am gestrigen Tag gemacht haben.**
Ergänze die versehentlich gelöschten Endungen der Verben.

↗ G 24

Утром я бы___ дома. Я завтрака___ с мамой и Катей. Папа завтрака___ в бюро. Днём я бы___ в школе, а Катя бы___ в университете. В школе мы чита___ и говори___ по-немецки. После школы я дела___ уроки, а потом игра___ в футбол. Вечером я смотре___ телевизор. Катя сиде___ в Интернете. А мама и папа слуша___ музыку.

3 **Höre das Gespräch zwischen *Виктор Николаевич* und *Валентина Антоновна*.**
Kreuze an, was die beiden am Abend gemacht haben und was sie über *Катя*, *Света* und *Павел Степанович* erzählen.

Виктор Николаевич
- [ ] был на стадионе
- [ ] был в театре
- [ ] говорил по телефону

Валентина Антоновна
- [ ] играла на компьютере
- [ ] сидела в Интернете
- [ ] читала книгу

Катя и Света
- [ ] были на концерте
- [ ] смотрели фильм в кинотеатре
- [ ] были дома

Павел Степанович
- [ ] слушал концерт
- [ ] играл в шахматы
- [ ] смотрел телевизор

4 **Welche Nachricht hat Sina ihrer Freundin auf einen Zettel geschrieben? Schreibe den Text auf.**

Вчера вечером я вместе с Андреем была в кино.

____

____

5 **Ergänze die Fragen, die Sinas Mutti ihrer Tochter gestellt hat. Nutze Übung 4.**

Где ______________________________

С кем ______________________________

6 **Schreibe auf, was du gestern (oder an einem anderen Tag) zu einer bestimmten Tageszeit gemacht hast.**

Утром я ______________________ в ________ часов.

Потом я ______________________ в школе. В школе мы ______________________ по-русски и ______________________ текст.

После школы я ______________________________

и ______________________________ .

В __________ часов я ужинал(а) вместе с ______________________ .

Вечером ______________________________

______________________________ .

7 **Du kennst sicher zahlreiche Wörter der Computersprache aus dem Englischen. Verbinde die passenden russischen und englischen Begriffe. Ergänze die deutsche Entsprechung.** **E**

клавиату́ра	mouse	Maus
компа́кт-диск	modem	____________
интерне́т-а́дрес	CD-ROM	____________
моде́м	website	____________
паро́ль	internet address	____________
(веб-)сайт	password	____________
мы́шка	keyboard	____________

8 **Finde heraus, worüber sich Anja und Dima unterhalten.**
Schreibe die Fragen und Antworten in richtiger Reihenfolge auf.

– Серьёзно? Это не скучно?

– Ты вчера вечером был в интернет-кафе?

– Нет, это очень интересно. Что ты делала вчера?

– Сначала я сидела в чате, а потом смотрела телевизор.

– Нет, не был. Я играл в шахматы.

Аня: ____________________

Дима: ____________________

Аня: ____________________

Дима: ____________________

____

Аня: ____________________

____

9 **Erkläre einer russischen E-Mail-Partnerin/einem russischen E-Mail-Partner, warum du gestern Abend nicht auf ihre/seine E-Mail geantwortet hast. Schreibe auf, dass**

– du gestern Abend nicht zu Hause warst. ____________________

– du mit deinen Eltern im Kino warst. ____________________

– ihr im Restaurant zu Abend gegessen habt. ____________________

____

– du am Abend auch noch lange (до́лго) mit einem Freund/einer Freundin telefoniert hast.

____

1 Welche Speisen und Getränke sind hier abgebildet? Beschrifte.

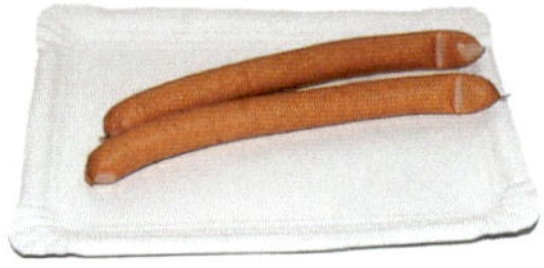

2 Ergänze den richtigen Buchstaben.

д или т	б или п	а или о
лимона__	__ельмени	пир__жки
компо__	__улочка	рыб__
сала__	су__	с__лянка
фрук__ы	хле__	в__да
бу__ербро__	__ицца	м__л__ко

3 Schreibe die Wörter in alphabetischer Reihenfolge auf.

мясо, какао, варенье, чай, кофе, пюре, спагетти, банан, курица, фрукты, сок, борщ

4 Wähle Wörter aus den Übungen 1, 2 und 3 aus und sortiere sie nach Speisen und Getränken.

5 **Versuche, die Wörter in den verschiedenen Sprachen zu erschließen.**
Ergänze die deutsche Bedeutung.
Markiere in jeder Zeile ähnliche Wörter mit gleicher Farbe. Was stellst du fest?

D E F S

по-немецки	по-русски	по-английски	по-польски	по-французски
______	молоко	milk	mleko	(le) lait
______	хлеб	bread	chleb	(le) pain
______	макарóны	macaroni	makaron	(les) macaronis
(die) Konserven	консéрвы	canned food	konserwy	(les) conserves
______	шоколáд	chocolate	czekolada	(le) chocolat
______	мáсло	butter	masło	(le) beurre

6 **Was gehört zusammen? Kreuze die passende russische Übersetzung an.**

Ich trinke gern Kwas.
- ☐ Я хочу пить квас.
- ☐ Я люблю пить квас.

Ich habe Appetit auf Spagetti.
- ☐ Я хочу есть спагетти.
- ☐ Я люблю есть спагетти.

Isst du gern Fisch?
- ☐ Ты хочешь есть рыбу?
- ☐ Ты любишь есть рыбу?

Was möchtest du zum Mittag trinken?
- ☐ Что ты хочешь пить на обед?
- ☐ Что ты любишь пить на обед?

7 **Ergänze das passende Verb in der richtigen Form.**

Ты любишь борщ? — Нет, не ______ .

Что ты хочешь есть на ужин? — Я ______ сосиски.

Нина ______ пельмени? — Да, любит.

Ты ______ пить чай? — Нет, не хочу.

8 **Schreibe auf, was du gern zu Mittag essen und trinken möchtest.**

На обед я ______

______

______

9 **Höre das Gespräch zwischen Juri und der Kellnerin. Kreuze an, was er bestellt hat.**

солянку	☐	компот	☐
борщ	☐	чай	☐
рыбу с рисом	☐	кофе	☐
котлеты с пюре	☐	колу	☐

10 **Wie heißt es auf Russisch? Wähle die jeweils passende russische Übersetzung aus und schreibe sie auf.**

Бери ещё курицу!   Попробуй ещё курицу!

Ты хочешь (есть) курицу?   Будешь ещё курицу?

Koste noch von dem Hühnchen! ______________________

Nimm noch von dem Hühnchen! ______________________

Möchtest du noch Hühnchen? ______________________

Möchtest du Hühnchen (essen)? ______________________

11 **Schreibe und gestalte eine gesunde Speisen- und Getränkeempfehlung für einen Tag.**

На завтрак бери ______________________

____

____

На обед бери ______________________

____

____

На ужин бери ______________________

____

____

____

1 **Wo wohnen diese Schüler?**
Ergänze das Verb *жить* und die Stadt in der richtigen Form.

Антонио, где ты ________________ ? Я ________________ в *М*________________.

Лиза и Йенс, а где вы ________________? Мы ________________

в *Б*________________. А где ________________ Пьер и Мирей?

Они ________________ в *П*________________.

А где ________________ Джеймс? Он ________________

в *Л*________________. Агнешка ________________ в *В*________________.

живу

живёшь

живёт

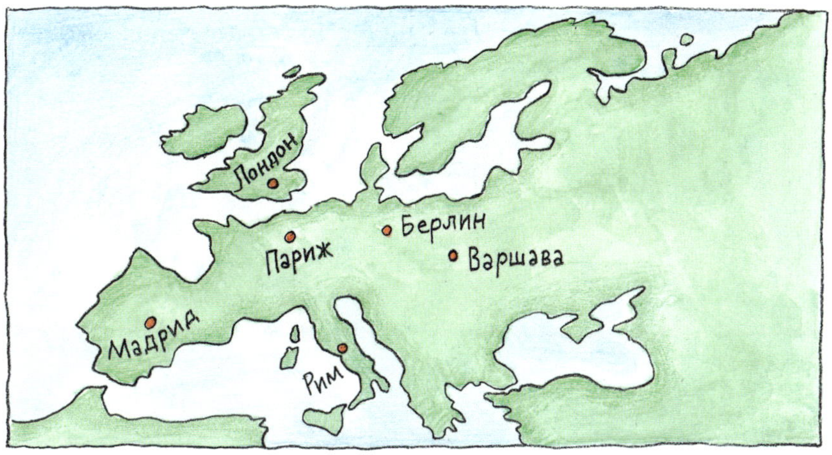

живёте

живём

живут

2 **Beantworte die Fragen. Nutze die Karte in deinem Lehrbuch.**

На севере, на востоке, на юге, на западе?

Где находится

Магада́н? Ⓜ *Магадан находится на востоке России.*

Му́рманск? ________________

А́страхань? ________________

Нори́льск? ________________

Псков? ________________

3 **Was ist richtig? Streiche die falschen Formen durch.**

Вальтер – это мой/моя/моё фамилия.

Тим – это мой/моя/моё имя.

Йена – это мой/моя/моё родной город.

Йена

4 **Setze die Wörter aus der rechten Spalte an der passenden Stelle im Text ein.**

_____________ имя Таня,
а ___________ фамилия Ивано́ва.
Я говорю _____________ по-английски.
Я живу ____ Му́роме.
Му́ром – ________ родной город.
Он находится _________________ от Москвы,
________ реке Оке́.

в
моё
мой
моя
на
недалеко
немного

5 **Markiere die versteckten 5 russischen Städte rot und die 5 deutschen Städte blau. Schreibe die Städte in die richtigen Spalten und suche sie im Atlas.**

М	С	А	Н	К	Т	–	П	Е	Т	Е	Р	Б	У	Р	Г
Ю	А	З	Г	В	О	Л	О	Г	Д	А	Н	Е	Ж	М	*К*
Н	М	Ё	Р	Г	А	М	Б	У	Р	Г	Ю	Р	З	Б	Ё
Х	А	М	Ш	К	О	М	О	С	К	В	А	Л	Ы	П	Л
Е	Р	Ь	Ъ	Д	Р	Е	З	Д	Е	Н	Ч	И	Р	М	Ь
Н	А	Ю	Я	Р	О	С	Л	А	В	Л	Ь	Н	У	Р	Н

В России находятся …

____
____
____
____
____

В Германии находятся …

____
____
____
____
____

6 **Finde zu den Substantiven im Singular die passenden Puzzleteile im Plural. Markiere sie in gleichen Farben.** ↗G 25

7 **Diese Einrichtungen sind in Moskau nicht nur einmal vorhanden. Bilde die Pluralformen.**

-ы или **-и**

В Москве есть школ*ы*, институт___, университет___, банк___, библиотек___, театр___, музе___, собор___, парк___, бассейн___, стадион___, гостиниц___, ресторан___, магазин___.

8 **Verbinde die Adjektive mit den dazugehörenden Substantiven.**

центральная	собор	маленькие
большие	площадь	интересное
старый	место	красивый
любимое	города	новая

9 **Entscheide, ob die Aussagen richtig oder falsch sind. Kreuze an.**

	да	нет
1. Самара – родной город Насти.		
2. Самара находится на севере России.		
3. Самара – это небольшой город.		
4. В Самаре есть университеты.		

10 **Bereite dich auf ein Gespräch mit einem/einer russischen Austauschschüler/in vor. Frage,**

– wie sie/er heißt.

____

– woher sie/er kommt.

____

– ob es eine Stadt oder ein Dorf ist.

____

– wo sich die Stadt (das Dorf) befindet.

____

– ob die Stadt (das Dorf) groß oder klein ist.

____

Как ты живёшь?

1 Schreibe die Sätze in Schreibschrift auf.

ЭТОТ ДОМ НАХОДИТСЯ В ЦЕНТРЕ ГОРОДА. ЭТО СТАРЫЙ, НО ОЧЕНЬ КРАСИВЫЙ ДОМ.
ОЛЕГ ЖИВЁТ НА ПЕРВОМ ЭТАЖЕ. КВАРТИРА ОЛЕГА МАЛЕНЬКАЯ,
НО УЮТНАЯ. В КВАРТИРЕ ДВЕ КОМНАТЫ, КУХНЯ, ВАННАЯ И ТУАЛЕТ.

____

____

____

2 Wie heißen die Wohnräume auf Russisch?

А ______________________

Б ______________________

В ______________________

Г ______________________

Д ______________________

Е ______________________

3 Jan schreibt über sein Zuhause. Bei den Endungen war er unsicher. Ergänze *-ый* oder *-ая*.

Это наш собственн_______ дом. Это нов_______ дом.
В доме больш_______ кухня. У меня очень уютн_______ комната.
У меня есть маленьк_______ собака. Её зовут Фóкси.

4 Wie viele Zimmer gibt es hier? Achte beim Schreiben auf die richtige Form. ↗ G 15–16

комнаты | комната | комнат

В квартире одна _______________. В квартире две _______________.
В доме четыре _______________. В доме семь _______________.

5 Trage die Substantive in das passende Feld ein. ↗ G 27

город, деревня, дом, улица, этаж, квартира, комната, дверь, место, школа, гараж, друзья

наш	наша		наше
			наши

6 **Ergänze *наш* oder *ваш* in der richtigen Form.** ↗ G 27

– Это __________ попугай? – Да, это __________ попугай.

– Это __________ собака? – Да, это __________ собака.

– Это __________ кошки? – Да, это __________ кошки.

7 **Schreibe die gegenteiligen Adjektive auf.**

новая дверь – __________ дверь

небольшой балкон – __________ балкон

большие комнаты – __________ комнаты

8 **Ergänze den richtigen Buchstaben.**

з или **с**	**ж** или **ш**	**а** или **о**
___еркало	эта___	ту___лет
___тул	___каф	х___л___дильник
го___тиная	на___	электр___плит___

9 **Welche Möbel verstecken sich hier im Buchstabensalat? Schreibe sie richtig auf.**

ф к а ш __________

с у л т __________

в а д и н __________

с к е т н а __________

к о л с р е __________

о п к л а __________

10 **Trage acht Gegenstände ein, die es in vielen Wohnungen gibt. Die Illustrationen helfen dir dabei.**

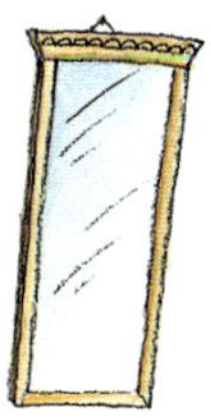

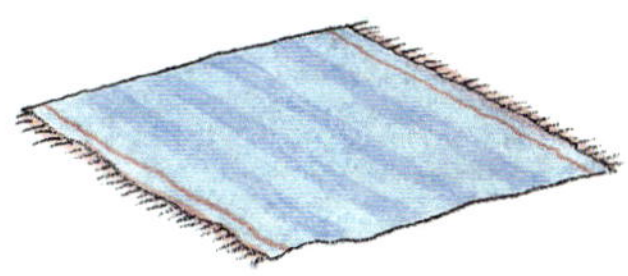

к
в
а
р
т
и
р
а

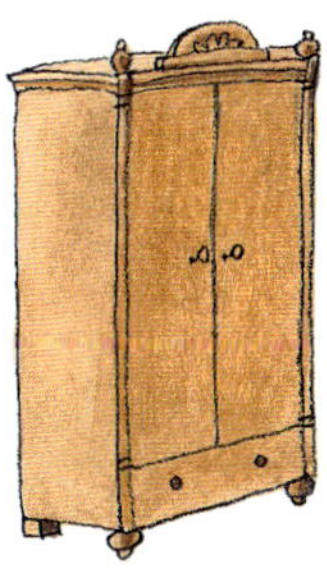

11 **Lies die Zimmerbeschreibung von *Незнайка*. Vergleiche sie mit der Skizze. *Незнайка* schwindelt hier! Berichtige.**

Это моя комната.

В комнате есть

бассейн и машина.

У меня

новый телефон,

большой телевизор,

сорок один компьютер

и маленький стол.

В комнате есть

____

У Незнайки

____

____

____

____

12 **Markiere die richtige Antwort.**

1. У Норы маленькая комната? Да./Нет.
2. Нора любит цветы? Да./Нет.
3. Старое кресло – любимое место Норы? Да./Нет.
4. Нора любит играть на компьютере? Да./Нет.

13 ***Незнайка* will umziehen. Hilf ihm bei der Vorbereitung. Notiere auf den Zetteln mindestens 3 Möbel oder Geräte für jedes Zimmer.**

1 **Wie können Artjom und Julia ausdrücken, dass sie Moskauer sind? Ergänze die Wörter.**

Артём и Юля живут в Москве.

Они – москвичи.

2 **In der Aufzählung dieser Orts- und Richtungsangaben fehlen Vokale. Ergänze sie an den passenden Stellen.**

н____пр____в____

зд____сь

т____м

т____д____

____тсюд____

н____л____в____

3 **Lies die Wegbeschreibung für *Незнайка*. Markiere das Kästchen, in dem er ankommt. Der Buchstabe verrät dir den Anfangsbuchstaben seines Ziels. Notiere es. Schreibe eine ähnliche Wegbeschreibung für deinen Partner/deine Partnerin auf.**

(5) **а**птека, **б**ассейн, **в**окзал, **к**инотеатр, **з**оопарк, **м**узей, **ц**ирк

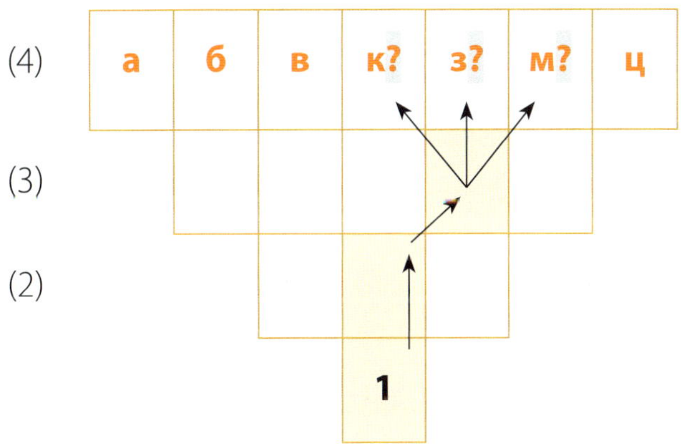

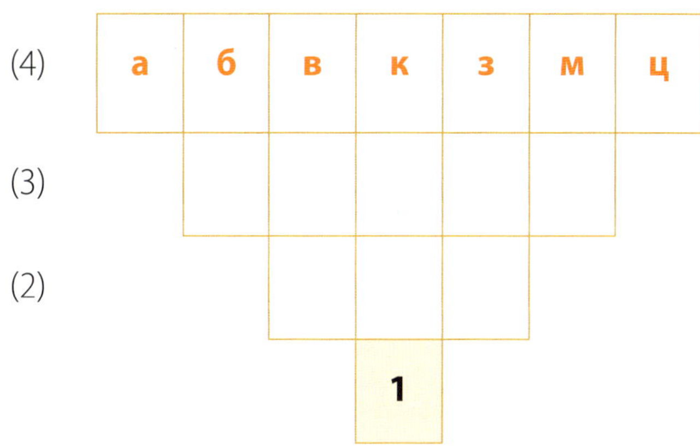

a) Незнайка, иди (1) прямо (2), потом направо (3), а потом налево (4). Там находится (5)

______

b) Иди (1) ______

______

______

______

______

4 **Eine Form des Verbs ist falsch. Streiche sie durch.**

– Незнайка, скажи/скажите, пожалуйста, где твой дом?
– Ребята, иди/идите прямо до аптеки, а потом налево.

– Елена Петровна, скажи/скажите, пожалуйста, где здесь библиотека?
– Юля, иди/идите прямо до почты, а потом направо.

5 **Welche Transportmittel entdeckst du hier? Ergänze die fehlenden Buchstaben.**
Welche Transportmittel kennst du noch? Schreibe sie auf.

Т < _ _ _ и / _ _ _ _ _ _ _ с / _ _ _ _ _ й

М < _ _ _ _ а / _ _ _ _ _ _ _ а / _ _ _ о

6 **Ersetze die Illustrationen durch die entsprechenden Wörter in der richtigen Form.** ↗ G 28

M – Извините, как доехать до *вокзала*? 

– Скажите, пожалуйста, как доехать до ______? 

– Как доехать до ______? 

– А как доехать до ______? 

7 ***Доехать* или *дойти*? Setze ein.**

Это моя школа. До школы можно ______ на велосипеде.

Это наш стадион. До стадиона можно ______ пешком.

8 **Vervollständige die Sätze mit dem passenden Wort in der richtigen grammatischen Form.**

остановка   станция   стоянка

1. Извини, пожалуйста, а где здесь ____________ автобуса?
2. Извините, а ____________ такси далеко отсюда?
3. Как дойти до ____________ метро?
4. Идите прямо до ____________ трамвая, а потом налево.

9 **Lies zuerst die Sätze. Bringe sie für ein Gespräch in die richtige Reihenfolge. Nummeriere die Aussagen. Höre dann das Gespräch und vergleiche mit deinem Text. Alles richtig?**

_1_ Извините, пожалуйста, а где здесь гостиница «Космос»?
___ Туда можно доехать на метро до станции «ВДНХ».
___ А где здесь станция метро?
___ Гостиница «Космос»? О, это далеко отсюда.
Она находится на проспекте Мира.
___ Это недалеко. Идите прямо до почты, а потом налево.
___ А как туда доехать?
___ Извините, как называется станция метро?
___ Не за что.
___ ВДНХ.
___ Большое спасибо.

10 **Stell dir vor, du bist mit deinen Mitschülern in Moskau. Fertige einen kleinen Merkzettel für alle Fälle an. Notiere**

- dass du im Hotel „Kosmos" wohnst.

____

- die Frage, wie du von hier in das Hotel kommst (gelangst).

____

- die Frage, ob es weit bis zur Metro-Station ist.

____

- die Frage, wie du zu Fuß zur Metro gelangst.

____

- wie du dich für die Auskunft bedanken kannst.

____

1 **So stellt ein Souvenirgeschäft auf dem Moskauer Arbat sein Angebot vor. Schreibe mindestens fünf Souvenirs auf, die man dort kaufen kann.**

по-русски	по-немецки
яйца Фаберже́	*Fabergé-Eier*
______________	______________
______________	______________
______________	______________
______________	______________
______________	______________

2 **Notiere das russische Wort für die abgebildeten Souvenirs. Как это по-русски?**

Это ______________.

Это ______________.

Это ______________.

Это ______________.

Это ______________.

Это ______________.

3 **Welche Souvenirs aus den Übungen 1 und 2 gefallen dir oder auch nicht? Wähle die richtige Verbform und ergänze die beiden Sätze.**

Мне нравится/нравятся ______________.

Мне не нравится/не нравятся ______________.

4 **Lies den Dialog. Trage die passenden Adjektive ein.** ↗ G 26

немецкий русские красивая красивый

– Незнайка, у тебя есть ________________ сувениры?
– Да, есть. У меня есть ________________ матрёшка.
– Незнайка, а у тебя есть ________________ сувенир?
– Да, есть. У меня есть ________________ мишка из Берлина.

5 **Welche Souvenirs will der Tourist haben? Trage sie ein.** ↗ G 30

Покажите, пожалуйста, вот этот ________________________!
Покажите, пожалуйста, вот это ________________________!
Дайте, пожалуйста, вот эту ________________________!
Дайте, пожалуйста, вот эти ________________________!

открытки
шкатулку
кольцо
платок

6 **Ergänze die fehlenden Demonstrativpronomen.** ↗ G 30

Мне нравится __________ календарь.
Мне нравится __________ шапка.
Мне нравится __________ кольцо.
Мне нравятся __________ открытки.

эту этот
эти
эта это

Я беру __________ календарь.
Я беру __________ шапку.
Я беру __________ кольцо.
Я беру __________ открытки.

7 **Sortiere die Wortgruppen in die entsprechenden Spalten ein.**

Сколько стоит …	Сколько стоят …
____________________?	____________________?
____________________?	____________________?
____________________?	____________________?

это мороженое
эта фанта
эти конфеты
этот самовар
эти матрёшки
эти открытки

8 **Hier geht es um Eis und Geld! Streiche die falschen Formen von *рубль* durch.**

Мишка: Это мороженое стоит 13 рубль/рубля/рублей?
Продавец: Нет, оно стоит 14 рубль/рубля/рублей?
Мишка: Незнайка, у тебя есть два рубль/рубля/рублей?
Незнайка: Нет, у меня только один рубль/рубля/рублей.
А, вот ещё один рубль/рубля/рублей?
Мишка: Супер! У нас есть 28 рубль/рубля/рублей!
Дайте, пожалуйста, два пломбира[1].

1 Sahneeis

9 **Auf den Preisschildern werden Rubel und Kopeken abgekürzt. Schreibe die vollständigen Formen auf.**

– Сколько стоит эта книга?

95 ______________ *20* ______________

– А сколько стоит фанта?

21 ______________ *10* ______________

– А сколько стоят эти конфеты?

42 ______________ *50* ______________

10 **Сколько стоит …?**
Nenne die Preise und schreibe auf, was die Gegenstände kosten.

цента

центов

цент

евро

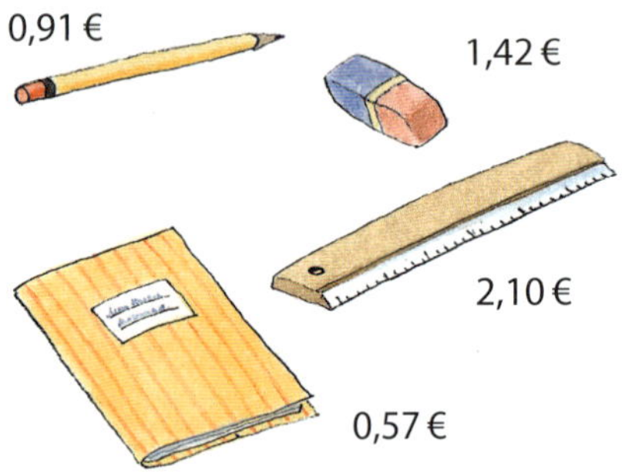

____

____

____

____

11 **Kreuze an, was jedes einzelne Souvenir kostet.**

1. Клипсы стоят ___ 82 руб. ___ 28 руб. ___ 72 руб.
2. Кольцо стоит ___ 100 руб. ___ 95 руб. ___ 99 руб.
3. Поднос стоит ___ 89 руб. 50 коп. ___ 99 руб. 05 коп. ___ 99 руб. 50 коп.

12 **Ergänze die Fragen und Antworten des Touristen in einem Souvenirgeschäft.**

Турист: ______________

Продавец: Вот этот поднос?

Турист: ______________

Продавец: Он очень красивый.

Турист: ______________

Продавец: 89 рублей 50 копеек.

1 **Schreibe mindestens drei Gegenstände auf, die du hast und die du nicht hast.**

У меня есть

У меня нет

____

____

____

____

2 **Notiere für die Mädchen und Jungen die Antworten auf die Frage**
Что вы делали вчера после школы?

(1) ***Надя:*** Я ______________________ (2) ***Олег:*** Я ______________________

(3) ***Нина и Алёша:*** Мы ______________________

(4) ***Оля:*** ______________________ (5) ***Юра:*** ______________________

3 **Verbinde die Fragen mit den passenden Antworten.**

– Где здесь метро?	– Да, можно.
– Как доехать до цирка?	– Станция метро недалеко отсюда.
– Как дойти до зоопарка?	– На метро до станции «Университет».
– Туда можно дойти пешком?	– Идите прямо до киоска, а потом налево.

4 **Beantworte die Fragen.**

Где ты живёшь? ______________________

Это город или деревня? ______________________

Где он (она) находится? ______________________

Grammatik entdecken und verstehen

G 1 sagen, wer man ist

D E ↗C2

Der Gebrauch von *sein* (*быть*) im Präsens

Я Надя. *Ich bin Nadja. I am/I'm Nadja.*
Я Борис.

Im Gegensatz zum Deutschen und Englischen gibt es im russischen Aussagesatz keine Form von *sein*. Das Russische ist hier also einfacher und sparsamer als das Deutsche oder Englische.

G 2 fragen und sagen, wer jemand ist

↗C2 ↗1А

Кто э́то? *Wer ist das?* – Э́то Ми́тя. *Das ist Mitja.*
Э́то мой друг.
Он учени́к.
Э́то ма́ма и па́па. *Das sind Mutti und Vati.*
Э́то Бори́с? *Ist das Boris?* – Нет, э́то Ди́ма.
Э́то твоя́ сестра́? *Ist das deine Schwester?* – Да, э́то моя́ сестра́.

G 3 fragen und sagen, woher man ist/kommt

↗C5

Ты отку́да? *Woher bist/kommst du?* – Я из Берли́на. *Ich bin/komme aus Berlin.*
Ты из Герма́нии? – Нет, я из Росси́и.

Die Beispiele zeigen dir, dass auch im russischen Fragesatz die Form von *sein* fehlt.

G 4 fragen und sagen, wo etwas oder jemand ist/sich aufhält/sich befindet

↗1Б

Где тури́ст? *Wo ist/befindet sich der Tourist?* – Он в музе́е. *Er ist im Museum.*
Кто в кла́ссе? – Учени́к и учени́ца в кла́ссе.
Что в гараже́? – Такси́ в гараже́.

Du hast jetzt verschiedene Beispiele für russische Frage- und Aussagesätze kennen gelernt, in denen im Gegensatz zum Deutschen und Englischen eine Form von *sein* nicht verwendet wird. Aber aufgepasst – dies trifft nur für Fragen und Aussagen im Präsens (Gegenwart) zu.

Hier kannst du eigene Frage- und Aussagesätze ergänzen: ____________________

G 5 etwas oder jemanden benennen

D ↗DT ↗C6

Genus der Substantive

Э́то хлеб. *Das ist (ein/das) Brot.*
Э́то пи́цца. *Das ist (eine/die) Pizza.*
Э́то молоко́. *Das ist (die) Milch.*

Im Unterschied zum Deutschen gibt es im Russischen keine Artikel, die das Genus (Geschlecht) der Substantive anzeigen. Das Genus der Substantive, die Personen oder Tiere bezeichnen, entspricht in der Regel ihrem natürlichen Geschlecht, z. B. ма́ма, На́стя (weiblich); па́па, Бори́с, кот (männlich). Das Genus der anderen Substantive erkennt man an der Endung im Nominativ (1. Fall) Singular (Einzahl).

Genus	Endung im Nominativ Singular
männlich	meistens endungslos, d. h. Auslaut auf Konsonant
weiblich	meistens -a; -я
sächlich	-o; -e(-ë); -и

Beachte, dass die männlichen Personenbezeichnungen und Vornamen, die auf -a/-я enden, wie z. B.: па́па, де́душка, Пе́тя, Во́ва wie weibliche Substantive dekliniert werden.

Trage in jede Spalte mindestens drei Wörter aus deinem Schülerbuch S. 24 Übung 4 ein.

männlich	weiblich	sächlich

G 6 fragen und sagen, was man mag oder nicht mag

D ↗DT ↗C 6, C 7, 2 Г

Substantive: Akkusativ Singular

Wie im Deutschen wird dem Verb *mögen (lieben)* ein direktes Objekt nachgestellt, also das, was man mag, z. B.

Я люблю́ сала́т. *Ich mag Salat.*
Я люблю́ ко́лу. *Ich mag Kola.*

Das Substantiv, welches das Objekt bildet, steht – wie im Deutschen – im Akkusativ.

> ! Aufgepasst, im Russischen gibt es sechs Kasus (Fälle), deren Endungen du lernen musst.

Genus	Nominativ Singular	Akkusativ Singular
männlich	суп	суп
weiblich	ры́ба	ры́бу !!
sächlich	молоко́	молоко́

In welchem Kasus ein Substantiv steht, richtet sich nach dem Verb oder einer Präposition. Das lernst du noch. So musst du z. B. den Akkusativ verwenden, wenn du jemanden aufforderst, dir etwas zu geben oder wenn du sagst, dass du etwas nehmen möchtest.

Да́й(те) мне, пожа́луйста, *Gib (Geben Sie) mir bitte*
- рюкза́к. *den Rucksack.*
- кни́гу. *das Buch.*
- молоко́. *die Milch.*

Я возьму́ *Ich nehme*
- ко́лу.
- лимона́д.
- кака́о.

G7 Besitzverhältnisse/Zugehörigkeit ausdrücken   D ↗DT ↗1A

Possessivpronomen: Nominativ 1. und 2. Person Singular

я	мой *mein*	стол, папа, кот,
ты	твой *dein*	
я	моя́ *meine*	сумка, мама,
ты	твоя́ *deine*	
я	моё *mein*	письмо, кресло,
ты	твоё *dein*	
я	мои́ *meine*	ножницы, родители, друзья
ты	твои́ *deine*	

Мой/твой, моё/твоё, моя́/твоя́, мои́/твои́ gehören zu den Possessivpronomen (besitzanzeigende Fürwörter). Mit ihrer Hilfe kannst du ausdrücken, dass Personen, Gegenstände oder Tiere zu dir/zu deinem Gesprächspartner oder deiner Gesprächspartnerin gehören. Genau wie im Deutschen hängt die Form von Genus (Geschlecht) und Numerus (Zahl) des jeweiligen Substantivs ab.

Ergänze in den ersten drei oberen Zeilen eigene Beispiele.

G8 Personen oder Gegenstände im Satz ersetzen   D E ↗DT ↗1A

Personalpronomen: Nominativ Singular und Plural

	Singular		Plural	
1. Person	я	*ich*	мы	*wir*
2. Person	ты	*du*	вы	*ihr, Sie*
3. Person	он, она́, оно́	*er, sie, es*	они́	*sie*

– Отку́да Анто́нио? – Он из Испа́нии.
– Отку́да И́ра и Пе́тя? – Они́ из Росси́и.

Personalpronomen (persönliche Fürwörter) stehen – wie im Deutschen und Englischen – auch im Russischen stellvertretend für bestimmte Personen, Tiere, Pflanzen oder Gegenstände. Genau wie im Deutschen bestimmen Genus (Geschlecht) oder Zahl (Numerus) des Substantivs die Form des Personalpronomens.

G9 Ortsangaben machen   D E ↗1Б

Der Gebrauch der Präpositionen *в, на* auf die Frage *wo?*

Auf die Frage *где?* (wo?) werden im Russischen oft die Präpositionen *в* (in, an) oder *на* (auf, an, in) verwendet. Wie im Deutschen oder Englischen kann nicht jede Präposition mit jedem Substantiv verbunden werden. Es gibt aber viele Übereinstimmungen (vgl. Tabelle im Lektionswörterverzeichnis S. 97), z. B.

в Берли́не – in Berlin, в Москве́ – in Moskau
в библиоте́ке – in der Bibliothek, в па́рке – im Park
на конце́рте – auf dem Konzert, на по́чте – auf der Post

Beispiele, bei denen die russische Präposition nicht mit der deutschen Übersetzung übereinstimmt, musst du lernen, z. B. *на стадио́не* – im Stadion.

G 10 Ortsangaben machen

D ↗DT ↗1Б

Substantive: Präpositiv Singular

Wie im Deutschen bestimmt auch im Russischen die Präposition den Kasus (Fall) des nachfolgenden Substantivs oder der nachfolgenden Wortgruppe. Die Verwendung der Präpositionen musst du dir einprägen – das kennst du schon aus dem Englischen.
Die Präpositionen *в*, *на* verlangen auf die Frage *где*? den Präpositiv (6. Fall). Der Präpositiv der meisten männlichen, weiblichen und sächlichen Substantive hat im Singular (Einzahl) die Endung *-e*.

	Nominativ (1. Fall)	Präpositiv (6. Fall)
männlich	дива́н_ парк_	на дива́не в па́рке
weiblich	шко́ла по́чта	в шко́ле на по́чте
sächlich	о́зеро	в о́зере

! Beachte, dass es einige sächliche Substantive (Internationalismen auf *-o*, *-e* und *-u*) gibt, die nicht dekliniert werden. Auf die Frage *где*? ändert sich die Endung also nicht und es heißt:
в кафе́, в бюро́, в кино́, в такси́.

Hier kannst du eigene Ortsangaben ergänzen.

G 11 fragen und sagen, was es gibt/ was vorhanden ist

↗1Б

Der Gebrauch von *есть* mit Nominativ

Hierfür musst du in der Frage und in der Aussage eine Form von *быть* (*sein*) verwenden: *есть*.
Есть gibt der Frage oder Aussage eine Verstärkung, d. h., das Vorhandensein einer Sache oder Person wird dadurch besonders hervorgehoben. Die vorhandene Person oder Sache steht im Nominativ (1. Fall), z. B.

В шко́ле есть библиоте́ка? *Hat die Schule eine Bibliothek?* *Gibt es in der Schule eine Bibliothek?*	Да, есть. *Oder* Да, есть библиоте́ка. *Oder* Да, в шко́ле есть библиоте́ка. *Ja, es gibt eine.*
В го́роде есть музе́й?	Да, (в го́роде) есть (музе́й).
В па́рке есть о́зеро?	Да, (в па́рке) есть (о́зеро).

G 12 sagen, dass jemand etwas hat/ dass etwas vorhanden ist und danach fragen

↗DT ↗1В, 3Б

Die Wiedergabe von *haben*: *у* mit Genitiv und *есть mit* Nominativ

У тебя́ есть брат и́ли сестра́? *Hast du einen Bruder oder eine Schwester?*
Да, у меня́ есть сестра́. (Да, есть.)
У вас (до́ма) есть ко́шка? – У нас (до́ма) есть ко́шка. (Да, есть.)
У Ни́ны есть соба́ка. У Андре́я есть ра́дио.

Im Russischen wird *haben (besitzen, vorhanden sein)* gewöhnlich durch *есть* wiedergegeben (↗G 11).
Die Wortgruppe *у* mit Genitiv (2. Fall) (z. B. у меня́, у Ни́ны) bezeichnet den Besitzer.
Die vorhandene Person oder Sache wird durch ein Substantiv im Nominativ (z. B. сестра́) ausgedrückt.

У Ни́ны есть соба́ка.

y mit Genitiv	есть	Substantiv im Nominativ
drückt den Besitzer aus	bezeichnet *haben, besitzen, vorhanden sein*	steht für die vorhandene Person (Sache)

У тебя́ то́лько оди́н брат (одна́ сестра́)?
У нас три маши́ны и две соба́ки.
В кварти́ре три ко́мнаты.

Auch wenn du Eigenschaft(en), z. B. die Größe deines Zimmers, zum Ausdruck bringen willst, kannst du *есть* weglassen.

У меня́ больша́я ко́мната. У меня́ но́вый компью́тер.

! Beachte: Wenn eine **konkrete Anzahl** hervorgehoben werden soll, **entfällt** *есть*.

G 13 sagen, dass man etwas nicht hat/dass etwas nicht vorhanden ist

↗ DT ↗ 1 B

Die Wiedergabe von *nicht haben*, *у* mit Genitiv + *нет* mit Genitiv

У меня́ нет сестры́ (нет бра́та). *Ich habe keine Schwester (keinen Bruder).*
У А́нны нет соба́ки. У Бори́са нет компью́тера.

Im Russischen wird *etwas nicht haben (nicht besitzen, nicht vorhanden sein)* mit *нет* wiedergegeben.
Die Wortgruppe *у mit Genitiv* (z. B. у меня́, у А́нны) bezeichnet diejenige Person, die etwas nicht hat. Die fehlende Person oder Sache wird durch ein Substantiv im Genitiv ausgedrückt.

У А́нны нет соба́ки.

y mit Genitiv	нет	Substantiv im Genitiv
drückt denjenigen aus, der jemanden (etwas) nicht hat	bezeichnet *nicht haben, besitzen, vorhanden sein*	steht für die nicht vorhandene Person oder Sache

Hier kannst du Beispielsätze ergänzen und formulieren, dass jemand etwas besitzt oder nicht besitzt.

У меня есть ____________________

У меня нет ____________________

У мамы есть ____________________

У мамы нет ____________________

G 14 Besitzverhältnisse/Zugehörigkeit ausdrücken

D E ↗ DT ↗ 1 B

Substantive: Genitiv Singular

ма́ма И́ры, компью́тер па́пы *Iras Mutti, Papas Computer*
соба́ка Ни́ны, маши́на Андре́я

Die Zugehörigkeit von Personen, Gegenständen oder Tieren zu bestimmten Personen (↗ G 7) lässt sich auch mit einem Genitivattribut (Bezugswort) ausdrücken.
Der Name des Besitzers wird im Genitiv angegeben und folgt nach dem Bezugswort („dem Besitz"), das im Nominativ steht. Die Reihenfolge ist also im Vergleich zum Deutschen oder Englischen umgekehrt.

соба́ка Ни́ны *aber: Ninas Hund; Nina's dog*

G 15 Zahlenangaben von 1 bis 4 machen D E ↗DT ↗1В

Grundzahlen 1–4

оди́н брат, два (три, четы́ре) бра́та
одна́ сестра́, две (три, четы́ре) сестры́
одно́ ра́дио, два (три, четы́ре) ра́дио

Beachte: **одна́**, **две** bei weiblichen, **оди́н**, **два** bei männlichen und **одно́**, **два** bei sächlichen Substantiven.

Nach 1 steht – wie im Deutschen – der Nominativ Singular des Substantivs.
Nach 2, 3 und 4 folgt der Genitiv Singular.

G 16 nach der Uhrzeit fragen und sie nennen ↗2Б

Grundzahlen 5–20

Für die Frage nach der Uhrzeit stehen zwei Konstruktionen zur Verfügung:
Кото́рый час? *Wie spät ist es?* Ско́лько вре́мени?

Für die korrekte Angabe der Uhrzeit musst du Besonderheiten im Gebrauch der Zahlwörter beachten.
Für die Zahlen 1–4 kennst du sie schon (↗G 15).

(оди́н) час	Nominativ Singular	(одна́) мину́та
2 (два), 3, 4 часа́	Genitiv Singular	2 (две), 3, 4 мину́ты

Es heißt deshalb auch: 21 час, 22–24 часа́.

Nach 5 und den folgenden Zahlen steht das Substantiv *час* (Stunde) im Genitiv Plural.

5–20 часо́в	Genitiv Plural	5–20 мину́т

Stunden- und Minutenzahl werden bei der Uhrzeitangabe einfach aneinander gereiht.
Сейча́с 9 часо́в 5 мину́т. *Es ist jetzt 9.05 Uhr.* Сейча́с 21 час 43 мину́ты. *Jetzt ist es 21.43 Uhr.*

Auf die Frage *когда́?* (wann?) benötigt man in der Antwort die Präposition *в* (um) mit Akkusativ (4. Fall).
Когда́ ты де́лаешь уро́ки? - В 4 часа́. *Wann machst du Hausaufgaben? – Um 4 Uhr.*

G 17 Zahlenangaben über 20 machen D E ↗2Б

Grundzahlen: 20 und größer

21 – два́дцать оди́н, 32 – три́дцать два, 43 – со́рок три, 54 – пятьдеся́т четы́ре

Mehrgliedrige Zahlwörter werden – im Unterschied zum Deutschen, aber wie im Englischen – in der Reihenfolge Zehner – Einer gebildet. Sie werden getrennt geschrieben.

G 18 Grüße ausrichten D ↗DT ↗1Г

Substantive: Dativ Singular

Переда́й приве́т Артёму! *Richte Artjom Grüße aus. (Grüße Artjom.)*
(Переда́й) приве́т Ни́не! Приве́т Ко́ле (Андре́ю, Мари́и)!

Wie im Deutschen wird im Russischen jemandem (wem?) ein Gruß ausgerichtet.
Die Person, die man grüßt, steht also im Dativ. Auch bei der verkürzten Form (z. B. При́вет И́ре!) wird ein Dativobjekt verlangt.

Hier kannst du an verschiedene Personen Grüße richten. *Привет* ______________________

G 19 etwas (nicht) gern machen, etwas (nicht) tun wollen ↗2 А, 2Г

***люби́ть* mit Infinitiv, *хоте́ть* mit Infinitiv**

Что ты лю́бишь де́лать? – Я люблю́ чита́ть. *Was machst du gern? – Ich lese gern.*
Ты лю́бишь игра́ть в футбо́л? – Нет, не люблю́. Я люблю́ игра́ть на компью́тере.
Что ты хо́чешь есть? *Was willst du essen?*
Я хочу́ пить.

Wenn du ausdrücken willst, dass du etwas (eine Tätigkeit)

(nicht) gern machst *oder* (nicht) machen willst,

↓ (не) люби́ть mit Infinitiv

↓ (не) хоте́ть mit Infinitiv

wird die konjugierte (gebeugte) Form von *люби́ть* bzw. *хоте́ть* und der Infinitiv der entsprechenden Tätigkeit verwendet.

Der Infinitiv (Grundform des Verbs) hat im Russischen meistens *-ть* am Ende. In dieser Form findest du alle Verben im Wörterbuch, z. B. игра́ть, говори́ть, смотре́ть.
Hier kannst du eigene Beispielsätze ergänzen und schreiben, was du (nicht) gern machst oder (nicht) machen willst.

Я (не) люблю ____________________

____

Я (не) хочу ____________________

____

G 20 Verben konjugieren (beugen) D ↗2 А, 2Б

***и*-Konjugation**

Wie im Deutschen verändert auch im Russischen das Verb je nach Person und Zahl des Subjekts seine Form.
Es gibt daher im Präsens (Gegenwart) sechs verschiedene Konjugationsendungen (Personalendungen).
Diese Endungen werden an den Präsensstamm angefügt (siehe die Beispiele in der Tabelle).
Haben die Konjugationsendungen in der 2. und 3. Person Singular und in der 1. und 2. Person Plural ein *и* (das ist der so genannte Kennvokal), sprechen wir von der *и*-Konjugation.
Die meisten Verben auf *-ить* werden nach der *и*-Konjugation konjugiert.

		люби́ть	говори́ть	смотре́ть	сиде́ть
Singular	я	люб**лю́**	говор**ю́**	смотрю́	сижу́
	ты	лю́б**ишь**	говор**и́шь**		сиди́шь
	он, она́	лю́б**ит**	говор**и́т**		
Plural	мы	лю́б**им**	говор**и́м**		
	вы	лю́б**ите**	говор**и́те**		
	они́	лю́б**ят**	говор**я́т**	смо́трят	сидя́т

Ergänze die fehlenden Konjugationsformen in der Tabelle.

G21 Verben konjugieren (beugen) ↗2Б

e-Konjugation

Hier ist der Kennvokal in den Konjugationsendungen ein *e*, das der *e*-Konjugation den Namen gibt. Die meisten Verben auf *-ать* werden nach dieser Konjugationsart konjugiert.

		игра́ть	де́лать	слу́шать	чита́ть	обе́дать
Singular	я	игра́ю	де́лаю	слу́шаю		
	ты	игра́ешь	де́лаешь			
	он, она́	игра́ет	де́лает			
Plural	мы	игра́ем	де́лаем			
	вы	игра́ете	де́лаете			
	они́	игра́ют	де́лают	слу́шают		

Ergänze die fehlenden Konjugationsformen in der Tabelle.

G22 jemanden auffordern, etwas gemeinsam zu tun ↗2А

***дава́й(те)* mit Infinitiv**

Оле́г, дава́й игра́ть на компью́тере! *Oleg, lass uns Computer spielen!*
И́ра и Ди́ма, дава́йте игра́ть в волейбо́л! *Ira und Dima, lasst uns Volleyball spielen!*

Wenn du jemanden auffordern willst, etwas (eine Handlung) gemeinsam zu tun, dann verwendest du

давай
Du wendest dich an eine Person, die du duzt.

давайте
Du wendest dich an mehrere Personen, oder einen Erwachsenen, den du mit *Sie* ansprichst.

G23 etwas gemeinsam mit jemandem tun ↗DT ↗2А

Substantive: Instrumental Singular
Präposition *c* mit Instrumental

игра́ть на компью́тере с дру́гом, с Серге́ем *mit dem Freund, mit Sergej Computer spielen*
говори́ть по телефо́ну с подру́гой, с па́пой, с тётей

Wenn du mit jemandem etwas gemeinsam machen willst, dann verwendest du die Präposition *c* (mit), die den Instrumental (5. Fall) verlangt.

G24 sagen und fragen, was man gemacht hat oder wo man gewesen ist D E ↗2В

Präteritum regelmäßiger Verben auf *-ть*

Па́па обе́дал в бюро́.	**он**	Вади́м был в музе́е.
Ма́ма обе́дала до́ма.	**она́**	На́дя была́ в теа́тре.
А Андре́й и Ни́на обе́дали в шко́ле.	**они**	А Ка́тя и Макси́м бы́ли в кино́.

Zur Bildung des Präteritums musst du den Infinitiv des Verbs kennen. (↗ G 19)

Wenn du vom Infinitiv das Suffix (Nachsilbe) *-ть* abtrennst, erhältst du den Infinitivstamm. An diesen fügst du die Endungen *-л*, *-ла* oder *-ли*. Dabei musst du das Geschlecht und die Zahl der Person oder Sache beachten.

Infinitiv	Infinitivstamm	Präteritum	Geschlecht/Zahl
чита́ть	чита́-	чита́**л**	я, ты, он
		чита́**ла**	я, ты, она́
		чита́**ли**	мы, вы, они́
говори́ть	говори́-	говори́**л**	я, ты, он
		говори́**ла**	я, ты, она́
		говори́**ли**	мы, вы, они́

Im Gegensatz zum Deutschen und Englischen hat das Russische nur eine Form der Vergangenheit. Beim Übersetzen entscheidet der Sinnzusammenhang, welche Zeitform man wählt, z. B.

Он игра́л в футбо́л. *Er spielte Fußball.* *Oder:* *Er hat Fußball gespielt.*

Hier kannst du eigene Sätze im Präteritum ergänzen.

G 25 Angaben im Plural (Mehrzahl) machen

D ↗3 A

Substantive: Nominativ Plural

Wie im Deutschen kannst du von den meisten Substantiven auch Pluralformen bilden. Dabei musst du beachten, ob die Form im Singular auf einen harten oder weichen Konsonanten auslautet. Ebenso wichtig sind die Schreibregeln nach **-г**, **-к**, **-х** und den Zischlauten **-ж**, **-ч**, **-ш**, **-щ**.

! In einigen Fällen kommt es zum Betonungswechsel

	Stammauslaut auf harten Konsonanten		Stammauslaut auf weichen Konsonanten oder auf *-г, -к, -х* und *-ж, -ч, -ш, -щ*	
männlich	**-ы**		**-и**	
	класс рестора́н тури́ст журна́л	кла́сс**ы** рестора́н**ы** тури́ст**ы** журна́л**ы**	попуга́й дя́дя рубль парк гара́ж каранда́ш	попуга́**и** дя́ди рубли́ (!) па́рки гаражи́ (!) карандаши́ (!)
	! Ausnahmen брат – бра́тья, друг – друзья́, стул – сту́лья, го́род– города́, дом – дома́			

weiblich	-ы		-и	
	ка́рта кварти́ра учени́ца сестра́	ка́рты кварти́ры учени́цы сёстры (!)	тётя фами́лия дверь пло́щадь подру́га дискоте́ка	тёти фами́лии две́ри пло́щади подру́ги дискоте́ки

sächlich	-а		-я	
	письмо́ ме́сто	пи́сьма (!) места́ (!)	мо́ре *(Meer)*	моря́ (!)
	❗ Ausnahme и́мя – имена́			

Substantive, die nicht dekliniert werden, stimmen im Singular und im Plural überein: **кафе́**, **кино́**, **такси́**, **фэ́нтези**, **хо́бби**.

Ergänze die Endungen im Plural.

учени́к_____ учени́ц_____ студе́нт_____

студе́нтк_____ де́душк_____ ба́бушк_____

соба́к_____ ры́б_____ мыш_____ кот_____

ко́шк_____ па́пк_____ тетра́д_____

ру́чк_____ флома́стер_____ компью́тер_____

G 26 Eigenschaften eines Gegenstandes oder einer Person benennen

D E ↗ 3 A

Adjektive: Nominativ Singular und Plural

Zur Wiedergabe von Eigenschaften eines Gegenstandes oder einer Person werden im Russischen – wie auch im Deutschen und Englischen – Adjektive als Attribute (Bezugswort, Beifügung) verwendet:

но́вый компью́тер *ein neuer Computer*	но́вая мышь *eine neue Maus*	но́вое кафе́ *ein neues Café*	но́вые ро́лики *neue Inliner*

Als Attribut stimmt das Adjektiv in Geschlecht (Genus) und Zahl (Numerus) mit dem Substantiv, dessen Eigenschaft es benennt, überein. Aufpassen musst du, wenn das Geschlecht im Russischen und Deutschen nicht übereinstimmt.

краси́вый го́род *eine/die schöne Stadt*	краси́вая дере́вня *ein/das schöne(s) Dorf*	краси́вое о́зеро *ein/der schöne(r) See*

Im Plural werden die Geschlechter – wie auch im Deutschen und Englischen – nicht unterschieden.

Bilde eigene Beispiele.

____

____

Unterstreiche in der Tabelle die Endungen der Adjektive. Ergänze weitere Adjektive.

männlich	weiblich	sächlich	Plural
дива́н, го́род, …	дере́вня, маши́на, …	кре́сло, о́зеро, …	города́, дере́вни, …
ста́рый	ста́рая	ста́рое	ста́рые
люби́мый	люби́мая	люби́мое	люби́мые
родно́й	родна́я	родно́е	родны́е
большо́й	больша́я	большо́е	больши́е

G 27 Besitzverhältnisse/Zugehörigkeit ausdrücken

D E ↗DT ↗ЗБ

Possessivpronomen: Nominativ 1. und 2. Person Plural

Du kennst bereits die Possessivpronomen *мой/твой* und ihre Formen. Auch die Possessivpronomen *наш/ваш*, *на́ша/ва́ша*, *на́ше/ва́ше*, *на́ши/ва́ши* drücken die Zugehörigkeit zu etwas oder jemand aus – aber bezogen auf mehrere Personen (unser, euer bzw. Ihr – Höflichkeitsform). Auch sie ändern ihre Endungen in Abhängigkeit von Genus (Geschlecht) und Numerus (Zahl) des jeweiligen Substantivs.

Vergleiche die Beispiele und ergänze weitere Substantive.

мы	наш *unser*	класс, город, дом, гараж,
вы	ваш *euer, Ihr*	
мы	на́ша *unsere*	деревня, улица, квартира,
вы	ва́ша *euere, Ihre*	
мы	на́ше *unser*	письмо, озеро, радио,
вы	ва́ше *euer, Ihr*	
мы	на́ши *unsere*	родители, друзья, ролики,
вы	ва́ши *eure, Ihre*	

Überlege, wo Endungen fehlen. Ergänze diese.

на́ш___ шко́ла   ваш___ класс   на́ш___ тетра́ди   на́ш___ семья́

наш___ де́душка   ва́ш___ друзья́   ваш___ друг   ва́ш___ кварти́ра

на́ш___ ва́нная   ва́ш___ ко́мната

G 28 sich nach dem Weg erkundigen ↗3 В

***Как доéхать (дойти́) до* mit Genitiv**

Wenn du dich nach dem Weg erkundigen oder ihn erklären willst, kannst du folgende Konstruktion benutzen:

❗ Beachte: Die Verben *доéхать* und *дойти́* verlangen die Präposition *до*, die den Genitiv der nachfolgenden Substantive fordert. ↗ DT
Как доéхать (дойти́) до вокза́ла (о́зера, апте́ки)?

Как доéхать до *mit Gen.?* *(mit einem Transportmittel)*
Wie komme ich zum/zur ...?

Как дойти́ до *mit Gen.?* *(zu Fuß)*
(Wie kommt (gelangt) man zum/zur ...?)

Туда́ (до *mit Gen.*) мо́жно доéхать на метро́ (авто́бусе, трамва́е).*
Dorthin (Zum/zur ...) kann man mit der U-Bahn (dem Bus, der Straßenbahn) fahren.

Иди́те пря́мо, а пото́м нале́во.
Gehen Sie (Geht) geradeaus und dann nach links.

* Für die Angabe des Verkehrsmittels brauchst du die Präposition *на*, die den Präpositiv (6. Fall) verlangt. Diesen Fall kennst du bereits von der Ortsangabe (↗ G 10).

G 29 sich auf einen bestimmten Gegenstand beziehen/einen bestimmten Gegenstand meinen D ↗3 Г

Demonstrativpronomen: Nominativ Singular und Plural

Wenn du betonen willst, dass du einen bestimmten Gegenstand meinst, benutzt du, wie im Deutschen, Demonstrativpronomen.
Die Endung des Demonstrativpronomens hängt von Genus (Geschlecht) und Numerus (Zahl) des jeweiligen Substantivs ab.

männlich	weiblich	sächlich	Plural
э́тот компью́тер *dieser Computer*	э́та шко́ла *diese Schule*	э́то письмо́ *dieser Brief*	э́ти сувени́ры *diese Souvenirs*
э́тот го́род *diese Stadt*	э́та дере́вня *dieses Dorf*	э́то о́зеро *dieser See*	э́ти кли́псы *diese Klips*

Ско́лько сто́ит (вот) э́тот самова́р? — *Was kostet dieser Samowar (da)?*
Ско́лько сто́ит (вот) э́та матрёшка? — *Was kostet diese Matrjoschka (da)?*
Ско́лько сто́ит (вот) э́то кольцо́? — *Was kostet dieser Ring (da)?*
Ско́лько сто́ят (вот) э́ти конфе́ты? — *Was kosten diese Pralinen (da)?*
Мне нра́вится э́тот календа́рь (э́та ша́пка, э́то кольцо́). — *Mir gefällt dieser Kalender (diese Pelzmütze, dieser Ring).*
Мне нра́вятся э́ти откры́тки. — *Mir gefallen diese Ansichtskarten.*

G 30 sich einen bestimmten Gegenstand zeigen oder geben lassen/ihn nehmen D E ↗DT ↗3 Г

Demonstrativpronomen: Akkusativ Singular und Plural

Wenn du dir etwas Bestimmtes von jemandem zeigen oder geben lassen willst, verwendest du folgende Wendungen.

Покажи́те (да́йте), пожа́луйста, (вот)

э́тот самова́р!
Zeigen Sie bitte diesen Samowar (da)!

э́то кольцо́!
Zeigen Sie bitte diesen Ring (da)!

э́ту шкату́лку!
Zeigen Sie bitte diese Schatulle (da)!

э́ти откры́тки!
Zeigen Sie bitte diese Ansichtskarten (da)!

Der Gegenstand, den du dir zeigen oder geben lassen oder den du nehmen möchtest, steht wie im Deutschen oder Englischen im Akkusativ (4. Fall). Diesen Fall kennst du bereits. (↗ G 6)
Beachte, dass auch das Demonstrativpronomen im Akkusativ stehen muss.

Ergänze weitere Substantive.

Я беру́ (вот)

этот поднос, ластик,

это кольцо,

эту открытку, пиццу,

эти клипсы, конфеты

G 31 die russische Stimmführung beachten

D ↗DT ↗C5

Intonation im Aussage- und im Fragesatz

Jede Sprache hat ihre eigene, typische Satzmelodie (Intonation), die sie von anderen Sprachen unterscheidet. Mit Hilfe der Intonation kann man erkennen, ob der Gesprächspartner eine Aussage, eine Frage oder eine Aufforderung formuliert.
Versuche, die Besonderheiten der russischen Intonation nachzuahmen.
Typisch für das Russische ist z. B., dass im einfachen Aussagesatz die Stimme am Ende gesenkt wird.
Unterschiede zum Deutschen bestehen auch bei der Intonation im Fragesatz.
Hat die Frage ein Fragewort, so erhält dieses die höchste Tonlage und wird dadurch betont.
Danach wird die Stimme wieder gesenkt.

Кто э́то?

Как тебя́ зову́т?

Fragen ohne Fragewort kann dein Gesprächspartner nur an der Satzmelodie erkennen, da im Gegensatz zum Deutschen die Wortstellung im russischen Aussage- und Fragesatz gleich ist.

Э́то Бори́с.

Э́то Бори́с?

Ва́ля из Росси́и.

Ва́ля из Росси́и?

Ва́ля из Росси́и?

Hier ist zu beachten, dass die Stimme höher wird bei dem Wort, welches man hervorheben möchte.
Willst du also wissen, ob Walja aus Russland ist, dann hebst du die Stimme bei Ва́ля.
Interessiert dich dagegen, ob Walja aus Russland kommt, dann steigt deine Tonhöhe bei Росси́и.

	1. Deklination							2. Deklination		
Singular	**männlich**				**sächlich**			**weiblich**		
Nom. (1. Fall)	стол	кот	попуга́й	–	письмо́	варе́нье	-о/ -е	шко́ла	тётя	-а/ -я
Gen. (2. Fall)	стола́	кота́	попуга́я	-а/ -я	письма́	варе́нья	-а/ -я	шко́лы	тёти	-ы/ -и
Dat. (3. Fall)	столу́	коту́	попуга́ю	-у/ -ю	письму́	варе́нью	-у/ -ю	шко́ле	тёте	-е
Akk. (4. Fall)	стол	кота́	попуга́я	- ; -а/ -я	письмо́	варе́нье	-о/ -е	шко́лу	тётю	-у/ -ю
Instr. (5. Fall)	столо́м	кото́м	попуга́ем	-ом/ -ем	письмо́м	варе́ньем	-ом/ -ем	шко́лой	тётей	-ой/ -ей
Präp. (6. Fall)	(о) столе́	(о) коте́	(о) попуга́е	-е	(о) письме́	(о) варе́нье	-е	(о) шко́ле	(о) тёте	-е
Plural										
Nom. (1. Fall)	столы́	коты́	попуга́и	-ы/-и	пи́сьма	варе́нья	-а/ -я	шко́лы	тёти	-ы/ -и

! Beachte: Die männlichen Substantive auf *-а/-я* (z. B. *па́па, де́душка, дя́дя*) werden wie die weiblichen Substantive der 2. Deklination dekliniert.

Hier kannst du deine Lösungen überprüfen.

Auf diesen Seiten findest du Lösungen und Hinweise zu den Testseiten (Seiten 30 und 67) und den Übungen mit dem Testsymbol.
Mit ihrer Hilfe kannst du selbst kontrollieren, was du schon sicher beherrschst oder wo du vielleicht noch Lücken hast.

Wie nutzt du die gekennzeichneten Übungen und die Tests am besten?
Du solltest sie zuerst vollständig und vor allem selbstständig lösen.
Danach kannst du deine Antworten mit den Lösungen auf diesen Seiten vergleichen.
Aber nicht schummeln! Wenn du gleich nachschaust, lernst du nichts.
Kennzeichne deine Fehler und korrigiere sie.
Nutze dazu die Hinweise in der rechten Spalte.
So kannst du aus deinen Fehlern lernen. Beim nächsten Test oder der nächsten Kontrollarbeit stolperst du an diesen Stellen nicht mehr.
Mit Fragen, auf die du vielleicht keine Antwort findest, kannst du dich selbstverständlich an deine Lehrerin/deinen Lehrer wenden.

Abschnitt, S./Übung	Lösungen	Hinweise, wenn du Probleme hattest SB S. 8/2 = Schülerbuch Seite 8 Übung 2
Старт 2 S. 8/12	Я Дима. Это Лара. А кто это? Это Николай и Катя.	– Lies noch einmal im SB S. 11/1; S. 12/9. – Russische Kindernamen findest du im SB S. 105.
Старт 7 S. 29/12	Кто в классе? Да, доска в классе. Что это? В рюкзаке книга. *oder* Книга в рюкзаке. На, возьми. *oder* Пожалуйста. Спасибо. … дайте …; … сумку.	– Wiederhole die Schulutensilien im SB S. 26/1; S. 27/4. – Hilfe zum Formulieren einer Bitte *etwas zu geben* und die Reaktion darauf findest du im SB S. 27/5.
Test S. 30/1	б, г, д, ж, з, к, н, п, с, т, ф, ц, ш, щ, э, я	– Übe das Alphabet und die Schreibschrift der Buchstaben mit Hilfe des Alphabets auf der hinteren Umschlagseite deines Schülerbuches. Vielleicht hilft dir beim Wiederholen des Alphabets auch das Lied im SB S. 29/1.
Test S. 30/2	телевизор, ножницы, тетрадь, ластик, фломастер	– Wiederhole die Schulutensilien im SB S. 26/1; S. 27/4.
Test S. 30/3	Kontrolliert euch hier gegenseitig. Bittet dann eure Lehrerin/euren Lehrer, dass sie/er überprüft, ob alles richtig geschrieben ist.	– Suche in den folgenden Übungen Muster für deine Antworten auf die Frage nach • deinem Namen im SB S. 14/1, 2; • deinem Alter im SB S. 17/1; S. 18/8; • dem Land, der Stadt, aus denen du kommst im SB S. 20/1; S. 21/5; • deinen Russischkenntnissen im SB S. 20/1; S. 21/8.
Test S. 30/4		– Suche im SB S. 23/1; S. 24/5; S. 25/6 Muster um zu schreiben, was du magst oder nicht magst.
Урок 1 A S. 33/11	Привет, … ! … кто … ? … моя … ; … из … ; … её … ? … твоя … ? … мой … ; … это … ; Откуда … ?	– Wie man jemanden begrüßen kann, zeigen dir die Übungen im SB S. 13/12 und S. 14/1. – Hinweise zum Gebrauch der Possessivpronomen findest du in G 7 und im SB S. 35/5. – Mit Hilfe von SB S. 36/9 kannst du wiederholen, wie man fragt und sagt, woher jemand kommt.

Abschnitt, S./Übung	Lösungen	Hinweise, wenn du Probleme hattest SB S. 8/2 = Schülerbuch Seite 8 Übung 2
Урок 1 Б S. 36/9	Можно Максима? *oder* А Максима можно? Нина дома? Где Ира? *oder* А где Ира? Мои родители в театре. Повтори(те), пожалуйста! Я не понял. *oder* Я не поняла.	– Das Telefongespräch im SB S. 41/9 zeigt dir, wie du fragen musst, ob du jemanden sprechen kannst und wie man um Wiederholung bittet. – Wiederhole die Ortsangaben. Nutze dazu im SB S. 39/4; S. 39/5 und G 9.
Урок 1 В S. 39/10	Kontrolliert euch hier gegenseitig. Bittet dann eure Lehrerin/euren Lehrer, dass sie/er überprüft, ob alles richtig geschrieben ist. 	– Wiederhole im SB S. 43/5 die Bezeichnungen für Haustiere. – Lies G 15 und fasse für dich zusammen, was du beachten musst, wenn du die Zahlen von 1–4 verwendest.
Урок 1 Г S. 42/9	Привет! Как дела? Откуда ты? Я не понял. *oder* Я не поняла. Повтори, пожалуйста!	– Lies noch einmal im SB S. 46/1. – Mit Hilfe von SB S. 36/9 kannst du wiederholen, wie man fragt und sagt, woher jemand kommt. – SB S. 41/9 zeigt dir, wie man sagt, dass man etwas nicht verstanden hat und um Wiederholung bittet.
Урок 2 А S. 45/9	Ты играешь на гитаре (*oder* на флейте, на скрипке, на трубе, …)? Ты любишь играть в футбол или в волейбол? Ты любишь сидеть в чате? Давай слушать музыку! Давай играть в баскетбол!	– Wiederhole die Musikinstrumente und Sportarten im SB S. 55/5; 54/3. – Lies noch einmal im SB S. 54/1. – Schreibe Wortgruppen auf mit einer Form von *любить + einer Freizeittätigkeit*. Nutze dazu SB S. 55/7; S. 56/8 und G 19. – Im SB S. 56/9 und G 22 findest du, wie man jemanden auffordert, etwas gemeinsam zu tun.
Урок 2 Б S. 48/11	Когда ты обычно завтракаешь? Когда ты обычно в школе? Когда и где ты обедаешь? С кем ты обычно ужинаешь?	– Wiederhole die Verben zur Angabe von Mahlzeiten und schreibe alle Konjugationsformen auf. Hilfe findest du im SB S. 60/11 und unter G 21. – Lies noch einmal SB S. 61/14 a. Hier findest du viele Fragemuster.
Урок 2 В S. 51/9	Вчера вечером я не был(а) дома. Я был(а) с мамой и папой в кино. Мы ужинали в ресторане. Вечером я долго говорил(а) по телефону с другом (с подругой).	– Mit Hilfe von SB S. 64/5 findest du die Vergangenheitsformen von *быть*. – Lies G 24 und fasse für dich zusammen, was du bei der Bildung des Präteritums beachten musst. – Sieh dir noch einmal im SB S. 57/10 an, wie man formuliert, dass man etwas mit jemandem gemeinsam macht.
Урок 2 Г S. 54/10	Koste noch von dem Hühnchen! – Попробуй ещё курицу! Nimm noch von dem Hühnchen! – Бери ещё курицу! Möchtest du noch Hühnchen? – Будешь ещё курицу? Möchtest du Hühnchen (essen)? – Ты хочешь (есть) курицу?	– Hilfe für die Übersetzung findest du im SB S. 67/6 und S. 68/8. – Wiederhole den Gebrauch von *любить* und *хотеть*. Nutze SB S. 66/2 und G 19.

Abschnitt, S./Übung	Lösungen	Hinweise, wenn du Probleme hattest SB S. 8/2 = Schülerbuch Seite 8 Übung 2
Урок 3 А **S. 57/10**	Как тебя зовут? Откуда ты? *oder* Где ты живёшь? Это город или деревня? Где находится город (деревня)? Это большой или маленький город? Это большая или маленькая деревня?	– Lies noch einmal im SB S. 75/5 und S. 77/10. – Wiederhole, was du beim Gebrauch der Adjektive beachten musst. Nutze dazu SB S. 77/8 und G 26.
Урок 3 Б **S. 60/13**	Кухня: холодильник, электроплита, шкаф, стол, стул (стулья), … Гостиная: телевизор, стенка, диван, кресло (кресла), картина, полка, телефон, … Моя комната: компьютер, кушетка, ковёр, шкаф, постер, …	– Wiederhole die Einrichtungsgegenstände im SB S. 80/7.
Урок 3 В **S. 63/10**	Я живу в гостинице «Космос». Как отсюда (можно) доехать до гостиницы «Космос»? Отсюда далеко до (станции) метро? Как дойти до (станции) метро? Большое спасибо.	– Lies noch einmal im SB S. 82/1 und S. 83/4. Schreibe die Fragen heraus, die du für den Merkzettel benötigst. – Schau dir G 28 an und fasse für dich zusammen, was du beachten musst, wenn du *доехать до* oder *дойти до* verwendest.
Урок 3 Г **S. 66/12**	– Покажите, пожалуйста, этот поднос. – Да, этот (поднос). – Сколько он стоит? *oder* Сколько стоит этот поднос? 	– Wiederhole, wie man sich einen Gegenstand zeigen oder geben lässt. SB S. 88/6 und G 30 helfen dir dabei. – Such die Frage nach dem Preis im SB S. 86/1; S. 89/8 und schreibe sie auf.
Test **S. 67/1**	Kontrolliert euch hier gegenseitig. Bittet dann eure Lehrerin/euren Lehrer, dass sie/er überprüft, ob alles richtig geschrieben ist.	– Suche die benötigten Gegenstände im Alphabetischen Wörterverzeichnis. Für die richtige Angabe der Dinge, die du nicht hast, lies noch einmal G 13.
Test **S. 67/2**	(1) Я сидела в чате. (2) Я играл на гитаре. (3) Мы говорили по телефону. (4) Я смотрела телевизор. (5) Я делал уроки.	– Wiederhole Tätigkeiten, die du gern machst. Nutze dazu SB S. 54/1; S. 55/5; S. 55/7; S. 56/8. – Lies G 24 und fasse für dich zusammen, was du bei der Bildung des Präteritums beachten musst.
Test **S. 67/3**	Где здесь метро? – Станция метро недалеко отсюда. Как доехать до цирка? – На метро до станции «Университет». Как дойти до зоопарка? – Идите прямо до киоска, а потом налево. Туда можно дойти пешком? – Да, можно.	– Lies noch einmal im SB S. 82/1 und S. 83/4. – Schau dir G 28 an und fasse für dich zusammen, was du beachten musst, wenn du *доехать до* oder *дойти до* verwendest.
Test **S. 67/4** 	Kontrolliert euch hier gegenseitig. Bittet dann eure Lehrerin/euren Lehrer, dass sie/er überprüft, ob alles richtig geschrieben ist.	– Lies noch einmal im SB S. 75/5 und S. 77/10.